SPANNENDE VERHALEN SCH

RENÉ APPEL

Spannende verhalen schrijven

Uitgeverij Atlas Contact
Amsterdam/Antwerpen

Eerste druk november 2007
Tweede druk maart 2011
Derde druk april 2014
Vierde druk oktober 2014

De eerste druk verscheen onder de titel *Spanning in verhalen*

Omslagontwerp en typografie Sander Pinkse Boekproductie

ISBN 978 90 457 0489 0
NUR 624

www.atlascontact.nl

Inhoud

HOOFDSTUK 1

Over spanning: de man zonder gezicht

Op maandag 16 april 2007 vermoordde een 23-jarige student van Zuid-Koreaanse afkomst, Cho Seung-hui, met een Glock 19-pistool en een Walther P22 maar liefst 32 medestudenten en stafleden op de campus van de Technische Universiteit van de Amerikaanse staat Virginia in Blacksburg. Daarna doodde hij zichzelf door zich in zijn gezicht te schieten, aldus de persberichten. Cho Seung-hui woonde op de campus, maar hij had vrijwel geen contacten met andere studenten, praatte zelfs nauwelijks met ze, en leefde zeer solitair. Hij was al een man zonder gezicht, en door zijn zelfmoord werd hij definitief een man zonder gezicht, hoewel zijn foto in honderden kranten werd afgedrukt.

Het is bepaald niet uitgesloten dat binnen een dag na de verschrikkelijke moordpartij een of meer schrijvers allerlei materiaal, zowel op papier als digitaal, zijn gaan verzamelen, om een boek te baseren op de gruwelijke gebeurtenissen in Blacksburg. Dat kan een *true-crime*-boek worden, maar ook een deels verzonnen verhaal, een literaire roman of een thriller, waarin veel gegevens over het leven van de 32-voudige moordenaar uit de grote duim van de schrijver komen. Dat zijn dan extra details die zijn karakter verder moeten inkleuren.

Of het ethisch verantwoord is om zo'n bloederig voorval als uitgangspunt voor een boek te nemen, doet nu niet ter zake. Het gaat erom dat de hele situatie van de kennelijk sociaal geïsoleerde Zuid-Koreaanse student en de dramatische consequenties van een volstrekt ontspoorde geest het basismateriaal kunnen vormen voor een boek dat zindert van spanning. Zelfs – of misschien juist – als de dodelijke afloop al bekend is. Laat ik verder doorfantaseren op de mogelijkheden voor een roman, die misschien al op de markt is als dit boek, *Spanning in verhalen*, nog moet verschijnen.

Er zijn verschillende manieren om het boek over het *Virginia Tech*-drama te structureren. De eerste is die van een verhaal dat zich op één dag, binnen enkele uren, afspeelt: vanaf het moment dat Cho opstaat totdat hij zich een kogel door het eigen hoofd jaagt. Het begint met zijn ontbijt rond zes uur. Hij is een nauwgezet persoon, die zelfs zijn ontbijtspullen nog keurig afwast nadat hij zijn allerlaatste slokje thee heeft genomen. 'Zijn besluit stond vast,' meldt de schrijver droog. Daarna pakt Cho zijn Glock 19 en Walther P22 uit de kast, kijkt een tijdje naar de wapens, steekt de munitie bij zich en denkt aan de dodelijke uitwerking. Nee, veel erger: hij verheugt zich op de dodelijke uitwerking, hij ziet ernaar uit.

Om 'in de stemming te komen' bladert hij vervolgens door enkele teksten die hij heeft geschreven voor de cursus *creative writing*, die hij volgt binnen het kader van zijn studie Engels. Het zijn macabere teksten over heftige gebeurtenissen, waarbij veel bloed vloeit. De lezer begrijpt waar het heen moet: deze man is een wandelend moordwapen. Hij heeft een verwarde geest, voelt zich miskend en genegeerd, en wil maar één ding: wraak! Wraak op alles en iedereen. Cho weet hoe hij die wraak kan voltrekken, en de lezer weet dat ook. Dat levert spanning op, vooral als de schrijver erin slaagt zich in te houden, en het er allemaal niet te dik bovenop legt (hoewel dat in zo'n extreme situatie een lastige opdracht is).

Dan verlaten we Cho en neemt de schrijver ons mee naar Cindy, een jonge vrouw in een studentenflat op de campus. Ze wordt wakker. Door een briefje of een foto gaan haar gedachten naar Cho, met wie ze korte tijd een relatie heeft gehad. Hij was aardig en lief voor haar, maar tegelijk moeilijk te peilen, ontoegankelijk en onvoorspelbaar. Aanvankelijk raakte ze daardoor geïntrigeerd, maar algauw frustreerde het haar alleen nog maar, vooral omdat de seks met hem ook onbevredigend was. Hij stalkt haar al een tijdje en ze hoopt hem vandaag op de campus niet tegen te komen, want dan begint hij waarschijnlijk weer een moeilijk gesprek, dat toch tot mislukken gedoemd is. Er is voor de lezer maar één conclusie mogelijk: Cindy is vermoedelijk een toekomstig slachtoffer van Cho's wraakgevoelens. Ook dat maakt het verhaal spannend.

Zo zou ik verder door de ochtend kunnen gaan, met afwisselend het verhaal verteld vanuit Cho en vanuit andere betrokkenen, zoals de docent die zijn studenten probeerde te beschermen en dat zelf met de dood moest bekopen. Totdat om 9.45 uur alle lijken worden gevonden, inclusief dat van Cho. Steeds zijn er handelingen of gebeurtenissen, met veel flashbacks – zoals bij Cindy – die de achtergrond verstrekken, de karakters tekenen, en het verhaal de nodige spankracht geven, omdat we niet direct van gebeurtenis naar gebeurtenis springen. Die flashbacks werken ook als adempauzes, die tegelijk de spanning versterken.

Het is uiteraard mogelijk om voor een verhaal over het Virginia Tech-drama een veel langere aanloop te nemen. Die moet dan elementen bevatten die bijdragen tot de spanningsopbouw. We maken bijvoorbeeld kennis met Cho op zijn eerste dag op de universiteit, we beleven zijn pogingen mee om werkelijk contact met andere studenten te maken. Die pogingen mislukken omdat Cho een op z'n zachtst gezegd wat vreemde persoonlijkheid heeft. Hij zegt en doet 'de verkeerde dingen'. En zo verder, en zo verder. De bouwstenen voor een verhaal met een verschrikkelijke afloop worden aldus gelegd. Die Cho, aan hem is wel meer dan een steekje los, beseffen lezers al snel, hij is volkomen gestoord. Dat geeft het verhaal spanning. Vooral als hij toch een relatie krijgt met Cindy. Langzaam maar zeker komt de noodlottige, onafwendbare afloop in zicht. Zelfs de lezer die dat einde al kent, leest door, moet wel doorlezen omdat het verhaal hem in zijn greep heeft.

Cho, the Man without a Face is de titel van het boek, een internationaal succes, dat zelfs op veel bestsellerlijsten het nieuwe boek van Dan Brown van de eerste plaats verdringt. Wurgend spannend, een verfijnd en indringend psychologisch portret van een jonge man die volledig de weg kwijt is, een sociaal portret van het Amerikaanse campusleven, en tegelijk een aanklacht tegen wetgeving in de Verenigde Staten, die het mogelijk maakt dat wapens vrij verkrijgbaar zijn.

Spanning, spannend schrijven, daar gaat het om in dit deel van de Schrijfbibliotheek. De inhoud van Cho's verhaal is op zich huiveringwekkend, maar levert niet zonder meer een spannend boek op. Spanning zit immers niet in het 'wat', maar in het 'hoe': de manier waarop de schrijver zijn verhaal vertelt.

Maar wat is dat eigenlijk: spanning? De Grote Van Dale geeft maar liefst zestien betekenissen van 'spanning', van '1 handeling van strak trekken, zetten of uitzetten' tot '16 elk der sparren haaks over de vlechttuinen van rijsbeslag gelegd', maar betekenis 8 is in het huidige kader de enige relevante:

> geheel of samenwerking van de factoren in een gebeurtenis, verhaal enz. waardoor de aandacht gespannen blijft.

Opvallend is natuurlijk dat deze betekenis van 'spanning' wordt gedefinieerd door een omschrijving waarin het woord 'gespannen' ook voorkomt, maar misschien moeten we niet te zwaar tillen aan die circulariteit. Het is immers duidelijk wat er wordt bedoeld met 'de aandacht blijft gespannen' in deze achtste betekenis: als het om een boek gaat, leest de lezer geboeid verder, omdat hij zich betrokken voelt bij het verhaal, wil weten hoe het verder gaat, geïnteresseerd is in de karakters enzovoort. Dat wordt in werking gezet door 'het geheel of de samenwerking van factoren in een gebeurtenis, verhaal enz.' En dat is nu net het thema van dit boek: die factoren of elementen in een verhaal, die ervoor zorgen dat de lezer door blijft lezen, dat het boek – om Amerikaans reclamejargon te gebruiken – *unputdownable* is. Wat zijn die factoren, elementen of ingrediënten, en hoe kan een schrijver die toepassen, zodat het boek een *pageturner* wordt?

Met die termen lijk ik te suggereren dat het bij 'spanning' altijd om thrillers of misdaadboeken gaat. Het tegendeel is waar. Laat ik Arnon Grunberg citeren uit het essay 'Waarom ik de menselijke soort wil schaden; de opdracht van de schrijver'. Grunberg begint met een definitie van wat een verhaal is, overgenomen uit een stuk van de bekende publicist Bill Buford uit de *New Yorker* van 24 juni 1996: 'Het is een stuk tekst dat de lezer aanzet om te willen weten wat er verder gebeurt.' Grunberg zegt over Bufords omschrijving het volgende. 'Dit lijkt me meer dan een juiste definitie [bedoelt Grunberg misschien 'een meer dan juiste'? RA], we weten nu meteen ook wat de taak van de schrijver is. Want natuurlijk heeft een schrijver net als een vuilnisophaler, een groenteboer en een tandarts een taak: ervoor zorgen dat de lezer de bladzijde omslaat, omdat die lezer wil weten hoe het verder gaat.' Zo zijn we weer aangeland bij unputdownable en pageturner, termen die ik hierboven gebruikte en die vooral voor misdaadromans worden gebruikt. Op de omslag van een van de *legal thrillers* van Richard North Patterson staat zelfs iets wat ik maar de overtreffende trap van een pageturner noem, namelijk: *The pages seem to turn themselves* – een gretig overgenomen citaat uit een recensie.

Grunberg verzet zich terecht tegen het idee dat 'aanzetten tot geboeid doorlezen' een kwaliteit is die alleen misdaadromans bezitten of zouden moeten bezitten. 'In Nederland heb je de Maand van het Spannende Boek,' schrijft hij. 'Beter kan het tragische misverstand niet worden weergegeven: men denkt blijkbaar dat er spannende boeken zijn – thrillers, detectives, spionageromans – en dat er daarnaast andere, niet-spannende boeken zijn. Zullen we die dan maar literatuur noemen? Is *Madame Bovary* niet spannend? Is *Kees de Jongen* niet spannend?' Grunberg concludeert dat 'geen enkele roman, geen enkele film, kortom geen enkel verhaal kan bestaan zonder spanning. Want zonder die spanning denkt de lezer juist niet: Wat zou er op de volgende bladzijde gebeuren? De lezer denkt: Wanneer is het eindelijk afgelopen? En: Laat ik eens naar buiten gaan om te kijken hoe het met mijn perzikboompje gaat.'

Ik ben het eens met Grunberg. Wanneer ik als lezer niet de sterke neiging voel om verder te lezen, dan is een boek voor mij misschien niet mislukt, maar het moet dan wel andere kwaliteiten hebben om te blijven boeien. Dat zou bijvoorbeeld de stijl kunnen zijn, die voor sommige lezers belangrijker is dan spanning. Sfeertekening, ideeën – er is veel wat een boek interessant kan maken. Veel mensen zullen *Ulysses* van James Joyce niet spannend vinden, maar ze zullen andere redenen hebben om toch in de ban te raken van zo'n boek: de vormgeving van het verhaal, de zeggingskracht van het proza, de mijlpaal in de geschiedenis van de moderne roman die het is, enzovoort.

Grunberg verengt het begrip 'spanning' tot zoiets als 'willen weten hoe het verder gaat' of 'willen weten wat er op de volgende bladzijde staat'. Aan spanning zit volgens mij echter meer vast. Die kan bijvoorbeeld ook worden opgeroepen door de personages in een boek. Wat is dat voor man of vrouw, die zich zo gedraagt dat de hele wereld zich tegen hem of haar lijkt te keren? Die Cho Seung-hui, hoe komt het dat hij zich van de wereld en zijn medemensen heeft afgekeerd, en waarom moet zijn immense afkeer zo'n moorddadige vorm aannemen?

Spanning is niet voorbehouden aan fictie (dat wil zeggen aan romans en korte verhalen). Het kan een kenmerk zijn van allerlei geschreven teksten. Wie voldoende geïnteresseerd is in het betreffende gebied, zal het verslag van een reis naar Tibet spannend vinden. Veel mensen vinden en vonden historische nonfictie als *Hoe God verdween uit Jorwerd* van Geert Mak spannend. En het is mogelijk om het nog ruimer zien: ook andere kunstuitingen kunnen spannend worden genoemd. Het volgende citaat uit de recensie van een fototentoonstelling van Gregory Crewdson maakt dit duidelijk:

> Op zijn verlaten interieurs (met af en toe een starende persoon) is het in de kunstkritiek inmiddels 'opgebruikte' woord *suspense*

van toepassing. Met filmische middelen (slimme belichting, camera-uitsneden dicht op de huid) tracht hij een magische spanning op te roepen. Er is net iets gebeurd, of er dreigt iets te gebeuren – maar wat wordt niet duidelijk.

Spanning in een boek kan grofweg in twee typen worden verdeeld. Ten eerste is er de spanning die het verhaal in zijn geheel betreft, misschien het beste aan te duiden met de term 'globale spanning'. Die spanning is dan te vertalen in een vraag die de lezer zich kan stellen, bijvoorbeeld bij *Madame Bovary*: hoe moet dat in godsnaam aflopen met Emma Bovary? Ook als een verhaal onafwendbaar naar een noodlottig einde lijkt te leiden, willen we weten hoe zich dat gaat voltrekken, mogelijk met altijd nog de gedachte of de hoop in het achterhoofd dat misschien... misschien... Een andere vraag staat aan de basis van de traditionele speurdersroman, zoals een Miss Marple-boek van Agatha Christie: wie is de moordenaar?

Naast die globale spanning is er ook wat ik 'lokale spanning' noem, de spanning op de korte afstand, in een bepaalde scène of misschien zelfs in slechts enkele zinnen van een dialoog. Op basis van alleen de globale spanning is het immers razend moeilijk om de lezer als het ware door een heel boek te trekken. Af en toe heeft de aandacht van die lezer weer een stimulans nodig, een nieuwe impuls. Hij wordt geactiveerd door bijvoorbeeld een spannende scène, waarin op de korte baan dezelfde vraag speelt als in het hele boek: hoe moet dit aflopen?

Als het gaat om spanning valt ook vaak de term 'spanningsboog', volgens de Van Dale overigens alleen een 'gebogen lijn waarin een spanning optreedt'. Het is makkelijk in te zien dat de boog van de globale spanning zich uitstrekt boven het hele verhaal. Verder zijn er kortere, en zelfs zeer korte bogen die de lokale spanning representeren. Zo'n zeer korte boog wordt bijvoorbeeld gevormd door de beginzin van *Nooit meer slapen* van W.F. Hermans: 'De portier is een invalide.' Dat ene, slechts uit vijf woorden bestaande zinnetje, ook nog gevolgd door een regel wit, roept meteen een bepaalde spanning op, al was het alleen maar omdat we ons er als lezer van bewust zijn dat de schrijver om een bepaalde reden het verhaal hiermee opent. Je zou kunnen zeggen dat de toon van het verhaal erdoor wordt gezet, misschien wel een toon waarin door het woord 'invalide' valse noten klinken. In een lezing met als titel 'Eerste zinnen van romans' zei Hermans daar zelf het volgende over: 'De portier van wie hier sprake is, opent de romanwereld voor de lezer en dat hij een invalide is, voorspelt niet veel goeds. Dit preludeert immers op de telkens weerkerende bange vraag van de hoofdpersoon, of hij het avontuur waaraan hij is begonnen, wel heelhuids tot een goed einde zal brengen.'

De interactie van de hoofdpersoon Alfred Issendorf en de portier levert een volgende, langere spanningsboog op. Die portier blijkt blind te zijn, zodat het woord 'staren' in de tweede zin in feite misplaatst is: 'Op zijn eikenhouten bureautje staat alleen een telefoon en hij zit voor zich uit te staren door een goedkope zonnebril.' Nadat de portier Issendorf heeft uitgelegd hoe hij de kamer van professor Nummedal kan bereiken, wordt deze scène als volgt afgesloten: 'Ondertussen heb ik de treden van de trappen geteld: allebei achtentwintig treden en tussen de twee trappen in acht stappen. Van de laatste trap tot de tweede deur rechts is het vijftien stappen.' Het lijkt of Issendorf zich als een blinde oriënteert en daarom de treden en zijn stappen telt, wat bijdraagt tot de suspense van de scène. Daarbij moet wel worden aangetekend dat dat tellen van stappen veel later in de roman zeer functioneel blijkt te zijn. Dan volgt de ontmoeting met Nummedal: een nieuwe spanningsboog. Als lezer weten we nog niet wat Issendorf komt doen, wat het doel is van zijn bezoek aan Nummedal. Dat draagt bij tot het verhevigen van de spanning die al door de eerdere scènes is opgeroepen.

Nog een prachtige, spanning oproepende eerste zin, en wel uit de thriller *Lady killer* van William Hardy: 'On 14 October, Professor Earl Borstleman decided to kill his wife.' Wat hierna volgt, liegt er ook niet om:

He looked at her as she sat across the breakfast table from him, stirring the cream and sugar into her second cup of coffee. It may have been the sight of her doing that simple thing which was decisive. Earl drank his coffee black. He watched as Sarah sloshed the sickening mixture over the sides of her cup, spilling it into the saucer where the ashes from the cigarette added to the mess.

Walging, daar gaat het om. Dit veelbelovende begin is helaas niet het startpunt van een knappe, spannende misdaadroman, die dan ook nooit in het Nederlands is vertaald. Met een goede eerste zin of goede eerste zinnen is een schrijver er dus nog lang niet, hoewel zo'n overtuigende start mooi meegenomen is.

Ik keer nu terug naar de factoren in een verhaal waardoor de aandacht gespannen blijft. In sommige gevallen zullen schrijvers die mogelijk bewust hanteren om hun verhaal boeiend te maken. De ene zin leidt tot de volgende, een bepaalde inhoud moet gestructureerd op het papier komen te staan, en achteraf realiseert de schrijver zich misschien dat hij een techniek of een procedure heeft gebruikt waardoor de lezer geboeid is geraakt en die hem heeft geactiveerd om door te lezen. In een brief aan zijn uitgever Bert de Groot (in het brievenboek *Moedig Voorwaarts*) gaat Gerard Reve ook in op het onbewuste van het scheppingsproces, in dit geval bij het schrijven van *Bezorgde Ouders*: 'Hoofdstuk Zeven wordt, als alles medeloopt, een hallucinérend relaas, vrijwel zonder tastbare handeling. Ik probeer voortdurend te denken en te bouwen, als een architect, maar die afwisseling, van hoofdstuk tot hoofdstuk, van tastbare actie en reflectie, die schijnt onbewust tot stand te komen. Hoofdzaak is dat de lezer of lezeres heel erg benieuwd is, hoe of dat het verdergaat.'

Van een schrijfster als Patricia Highsmith, beroemd van ijzingwekkende psychologische thrillers als *Strangers on a Train* en *Deep Water*, zou je mogen verwachten dat ze heel goed weet hoe je een verhaal spannend maakt. Ze heeft ook een soort handleiding voor (beginnende) schrijvers op haar naam staan, *Plotting and Writing Suspense Fiction*, in het Nederlands vertaald onder de titel *Hoe schrijf ik een spannend boek*. Wie mocht denken daarin een opsomming en een beschrijving te vinden van spanningsverhogende elementen, komt bedrogen uit. Het vijfde van de elf hoofdstukken (ook nog zeer kort: slechts zeven bladzijden) heeft als titel 'De plot'. Maar ook daarin geeft Highsmith nauwelijks informatie over de manier waarop ze haar boeken een spannende intrige geeft. Ze is het zich mogelijk niet bewust, of ze wil niet te veel prijsgeven van haar *tricks of the trade* – haar schrijversgeheimen.

Ook als een schrijver zich niet bewust is geweest van de spanning creërende factoren in zijn verhaal, is het heel goed mogelijk om achteraf die factoren aan te wijzen. Kijk, daar houdt de schrijver informatie achter (zoals Hermans over het doel van het bezoek aan Nummedal), en dat werkt spanningsverhogend, omdat de lezer dat doel wil leren kennen. Hier maakt de afwisseling van scènes de lezer nieuwsgierig of raakt de lezer geïntrigeerd door een personage dat zich in hachelijke omstandigheden bevindt.

In dit boek worden die verschillende factoren besproken, en geïllustreerd met citaten uit een ruime waaier aan boeken, van Gabriel García Márquez' *Kroniek van een aangekondigde dood* tot *Moord in de pastorie* van Agatha Christie, van Reves *De avonden* tot mijn eigen roman *Geweten*. Ik heb dus gekozen uit een breed scala aan romans, zowel literaire als misdaadromans. In alle gevallen gaat het om boeken die – soms om verschillende redenen – spannend te noemen zijn. Daarbij moet ik wel aantekenen dat juist in misdaadromans veel sterker wordt gewerkt met spanningsverhogende factoren. Het vormt voor een deel het bestaansrecht van dat type literatuur. Misdaadauteurs zijn, naar mijn eigen ervaring als lezer en als schrijver, veel bewuster bezig een boek unputdownable te maken door die factoren te hanteren. Die komen dan ook meestal geconcentreerder en soms ook nadrukkelijker voor in thrillers dan in literaire romans. De laatste boeken moeten het vaak eerder hebben van hun thematiek, de personages en de stijl van de schrijver en minder van een spannend verloop van het verhaal. De lezer wil niet meteen weten wat er verder gebeurt – nee, die wil nog eens terugbladeren om opnieuw van een bepaalde passage te genieten, de taal tot zich te laten doordringen, de sfeer te proeven.

Ik gebruik vrijwel alleen voorbeelden uit romans, en nauwelijks uit spannende korte verhalen (zie voor een overzicht van dergelijke verhalen uit de Nederlandstalige literatuur: *De beste spannende verhalen uit Nederland en Vlaanderen*, samengesteld door René Appel en Tomas Ross). De factoren die in romans voor spanning zorgen, gaan ook op voor korte verhalen. Waar dat niet of in mindere mate het geval is, zal ik dat ook aangeven.

De eerste factor betreft de structuur van een verhaal. Hoe kan een schrijver door de opbouw, de wisseling van scènes, de sprongen in de tijd, en veranderingen in het vertelperspectief spanning opbouwen? In veel boeken gaat het niet alleen om sprongen in de tijd, maar ook om tijdsdruk – de tweede factor. Die tijdsdruk werkt als een hogedrukketel, zoals in 'de eerste versie' van het bovengenoemde *Cho, the Man without a Face*, die zich binnen enkele uren afspeelt.

Lezers bouwen verwachtingen op, en de schrijver kan spelen met die verwachtingen – de derde factor. Dat doet hij door juist wel of niet te laten gebeuren wat de lezer aan ziet komen. Denk aan de clichésituatie waarin een personage een donkere kamer betreedt en de schrijver suggereert dat er iets ophanden is, bijvoorbeeld omdat het licht niet werkt of vanwege een vreemd geluid dat plotseling klinkt. De klassieke, stereotiepe slapstickscène illustreert ook de werking van deze factor: een onhandige man struikelt twee keer over een op de grond liggend kledingstuk. De derde keer denkt de kijker dat het weer gaat gebeuren, de camera zoomt zelfs al in op het kledingstuk, de kijker houdt zijn adem in, maar dan stapt het personage er net overheen.

De schrijver kan ook feitelijk een gebeurtenis aankondigen – de vierde factor. Lezers zijn voorbereid op 'iets ergs'. Je zou kunnen veronderstellen dat diezelfde lezers het boek wegleggen, maar het tegendeel is waar: ze willen met eigen ogen zien – dus lezen – of de aankondiging klopt, maar vooral ook vragen ze zich af wat leidt tot de aangekondigde gebeurtenis en hoe die zich voltrekt.

Een verhaal staat of valt meestal met de karakters. Volgens deze vijfde factor bepalen de personages in een boek in belangrijke mate of dat boek ook spannend is. Als Cho een vlakke, onbeduidende persoonlijkheid zou hebben, als er geen intrigerende scherpe kantjes aan zijn karakter zouden zitten, dan was de roman over de moorden op Virginia Tech waarschijnlijk minder boeiend.

Naast de personages vormt een aansprekend conflict de basis voor een spannend verhaal. Het conflict moet ook goed voorstelbaar zijn, en voor het verhaal is het gunstig als het uit de hand loopt en steeds erger wordt. Of als de problemen de hoofdpersoon boven het hoofd groeien. De 'lezersvraag' is: hoe wordt een conflict opgelost (of juist niet, natuurlijk)? Samen met 'conflict' vormt 'complicatie' de zesde factor. In het dagelijks leven worden conflicten vaak opgelost, maar in een boek is het juist interessant als ze worden gecompliceerd. Dat draagt bij tot het 'van kwaad tot erger'-scenario, dat verhalen spannend maakt.

De zevende factor betreft een mysterie of een raadsel dat in een verhaal centraal staat, of dat eigenlijk de motor is van het verhaal. In zijn beschouwing over de taak van de schrijver lijkt Grunberg vooral op deze factor te doelen. Het gaat dan in principe om twee mogelijke vragen: 1) wat is er gebeurd? en 2) wat gaat er gebeuren? Maar het begrip 'mysterie' kan ruimer worden geïnterpreteerd: wat is dit voor persoon, waarom gedraagt hij/zij zich zo, wat zijn de achtergronden?

Schrijvers manipuleren de lezer altijd, vooral door de manier waarop ze informatie wel of juist niet geven – de achtste factor. Daarbij gaat het enerzijds om de vertraging die een schrijver bewust in kan bouwen, en anderzijds om het afbreken van scènes.

Deze acht factoren vormen de onderwerpen van de volgende acht hoofdstukken. In het afsluitende hoofdstuk zal ik ingaan op relaties tussen de factoren en het effect van stijl op het creëren van spanning.

Verschillende keren heb ik lezingen gegeven over mijn eigen werkwijze bij het schrijven van thrillers. Vaak wordt me dan vanuit het geïnteresseerd publiek voorgehouden dat ik op deze manier de markt voor mijn boeken bederf: ik geef lezers – en lezers willen vaak schrijvers worden – een kijkje in de keuken. Bovendien leg ik uit hoe ze hun eigen schrijfpogingen van een aantrekkelijke dosis spanning kunnen voorzien. Op basis daarvan zouden ze geduchte concurrenten kunnen worden.

Maar zo simpel is het (gelukkig) niet. Wie de technieken, de procedures en de regels kent, kan ze nog lang niet altijd adequaat toepassen. De chef-kok van een restaurant dat door Michelin gewaardeerd is met drie sterren, kan mij waarschijnlijk uitstekend vertellen hoe een bepaald gerecht is samengesteld en bereid, maar dat betekent nog niet dat ik hetzelfde gerecht net zo voortreffelijk op tafel kan brengen. Wel is het zo dat aanwijzingen – vooral als ze zo concreet mogelijk zijn – mij in ieder geval kunnen helpen, vooral omdat die duidelijk maken waar ik allemaal op moet letten als ik eenmaal achter het fornuis sta.

Hetzelfde geldt voor dit boek. Het wijst schrijvers en mensen met schrijfambities op de verschillende mogelijkheden die er zijn om een verhaal voor de lezer boeiend te maken, op de onmisbare ingrediënten en hoe ze moeten worden verwerkt. Dat betekent ook oefenen en de geschetste factoren uitproberen, en misschien komt er dan ooit een boek tot stand dat lezers in één adem uitlezen.

HOOFDSTUK 2

Structuur en scènes

In 2002 maakte ik deel uit van de jury die thrillerdebuten moest beoordelen in verband met de toekenning van de Schaduwprijs. Er waren maar liefst veertien boeken ingestuurd, en werkelijk elk van die veertien boeken begon met een proloog. Het was duidelijk: al die debutanten veronderstelden dat een boekstructuur met een betrekkelijk losstaande proloog meteen de voor een thriller noodzakelijk geachte spanning zou oproepen, dat het een geschikte methode was om de lezer als het ware bij zijn nekvel te pakken, met een mysterie te confronteren, in een heftige, agressieve scène te laten terechtkomen of een vraag voor te leggen, zonder dat duidelijk zou zijn waar het verhaal precies over ging. Ongeveer zoals de proloog in *Van koninklijken bloede* van Tomas Ross, een zogeheten factionthriller, gebaseerd op de Lockheed-affaire rond prins Bernhard. Die proloog – gewoon genummerd als hoofdstuk 1 en niet speciaal 'proloog' genoemd – gaat over twee agenten van de rijkspolitie in een Porsche. 's Avonds laat zien ze hoe een paarse Aston Martin DB5 een Lamborghini de berm in drukt. Een van de agenten weet wie de eigenaar is van die Aston Martin. De naam wordt niet genoemd, maar het woord 'Soestdijk' valt twee keer.

Lang niet alle misdaadromans beginnen met een proloog, maar iemand als Tomas Ross mag inderdaad graag gebruikmaken van dit structuurprincipe, bijvoorbeeld ook in *Het Poesjkin Plan* en in *Koerier voor Sarajevo*. Het is een manier om in zo'n actieroman de lezer te prikkelen, en inderdaad een raadsel of op z'n minst iets raadselachtigs te presenteren. Personages uit de proloog komen soms niet meer terug in het verhaal, maar andere elementen – een overval, een achtervolging, een moord, de aankoop van een pistool – blijken later een belangrijke rol te vervullen. Zo'n proloog kan goed werken qua spanning, maar het is geen wet van Meden en Perzen, en wie denkt: 'Ik wil een spannende misdaadroman schrijven, dus ik móét beginnen met een proloog', gaat uit van een cliché, en niet van het *verhaal* dat hij zo spannend mogelijk wil vertellen.

In andere typen misdaadromans, met name de psychologische thriller, wordt veel minder gebruikgemaakt van een proloog om de lezer vanaf de eerste pagina te boeien. We vinden bijvoorbeeld wel een proloog in *De eetclub* van Saskia Noort. Dat boek begint vóór het eerste hoofdstuk met een ongetiteld fragment van bijna twee bladzijden, cursief, verteld vanuit een man: 'Hij schonk zichzelf nog een glas rode wijn in en morste, waarna hij vloekte [...] .' Noort geeft in het vervolg van de proloog aan wat een belangrijk thema van het boek gaat worden, als ze duidelijk maakt dat de man bang is door een vrouw te worden verlaten. Ze schrijft dan onder meer: 'Zijn oogleden sloten zich en hij wilde liggen, slapen, en nooit meer wakker worden. Maar zo gemakkelijk kon hij het haar toch niet maken? Zou zij ook niet moeten boeten voor alles wat ze hem had aangedaan? Moeten lijden, totdat ze net zo zou verlangen naar het einde als hij dat nu deed?' Na de proloog wordt het verhaal verteld vanuit een ik-personage, een vrouw, maar de lezer is gewaarschuwd door het gesuggereerde ernstige huwelijksprobleem, en de gewelddadige associaties van de man. In *Nieuwe buren* van Noort haakt de ongetitelde proloog direct aan bij het einde van het boek, een keuze die wel meer auteurs maken. Op die manier wordt het verhaal rondgebreid.

Dat een proloog bepaald niet dwingend is, en soms zelfs overbodig, valt te illustreren met wat misdaadauteur Charles den Tex mij vertelde. Een van zijn eerste boeken, *Dump*, zou – enigszins gewijzigd – worden herdrukt bij zijn nieuwe uitgever. *Dump* had in de oorspronkelijke versie ook een proloog. Den Tex bedacht plotseling dat die er eigenlijk best uit kon, en volgens hem was het resultaat inderdaad beter dan met proloog. Elke schrijver die een proloog aan zijn boek toevoegt, zou eens goed moeten nadenken over het mogelijke effect van weglating daarvan.

In literaire fictie zijn prologen veel minder gebruikelijk, hoewel A.F.Th. van der Heijden zelfs een korte roman, *De slag om de Blauwbrug*, schreef als 'proloog' voor de cyclus *De tandeloze tijd.* Prologen als kort openingsfragment hebben in literaire romans vaak de functie om een achtergrond, een stemming, een sfeer te schetsen, zoals de anderhalve pagina die voorafgaan aan het 'Eerste Boek' van Jan Siebelinks *Knielen op een bed violen.* Hetzelfde lijkt het geval in de proloog voor *De aanslag* van Harry Mulisch. Ook Mulisch beschrijft de plek waar (het begin van) het verhaal zich afspeelt: 'Ver, ver weg in de tweede wereldoorlog woonde een zekere Anton Steenwijk met zijn ouders en zijn broer aan de rand van Haarlem. Aan een kade, die over een lengte van honderd meter langs het water liep [...]' Mulisch preludeert met een enkel zinnetje op wat er komen gaat: '... en dat is voor het begin van deze geschiedenis, die de geschiedenis van een voorval is.' Maar verder moet de proloog, net als bij Siebelink, de lezer vooral een basis geven voor de rest van het verhaal en nieuwsgierig maken naar het vervolg.

Proloog of geen proloog, belangrijk is de keuze voor de eerste scène, waarbij een mooie eerste zin (zie hoofdstuk 1) de schrijver al direct voordeel oplevert. Die eerste scène – soms het eerste hoofdstuk – moet de lezer als het ware in één keer het verhaal binnentrekken. Wanneer je als schrijver een verhaal wilt vertellen waarvan je de contouren al min of meer in je hoofd hebt, blijft er altijd een keuze over voor het moment waarop je in dat verhaal stapt, en dus waar je de lezers erin laat stappen. Schets je de achtergrond van de personages, de situatie waarin ze zich bevinden, laat je ze meteen handelend optreden? Ik kies zelf bij voorkeur voor het laatste, omdat dat dynamischer is, lezers kunnen direct meeleven met wat er gebeurt, ook als nog lang niet alles duidelijk is over de personages, hun achtergronden, hun wensen, behoeftes enzovoort. Het gaat er juist om die informatie door het verhaal te strooien, bijna impliciet. Daar komt de lezer nog wel achter. Zoiets moet de schrijver denken. Mijn boek *Zinloos geweld* begint als volgt.

> 'En wie droeg de formele verantwoordelijkheid voor die beslissing?'
> 'Eh... ja, het was natuurlijk een gezamenlijke verantwoordelijkheid van de leiding. We hebben er uitgebreid over gesproken voor we naar de medewerkers toe de nieuwe richtlijnen hebben geformuleerd. Alle neuzen moesten tenslotte eindelijk eens dezelfde richting uit.' Verlinden keek Martin aan met een glimlachje dat niet helemaal leek te willen lukken.
> Martin liet een stilte vallen. Hij staarde naar het kantoor aan de overkant.

Wie zijn die Martin en die Verlinden? Wat hebben ze met elkaar te maken? Er broeit kennelijk iets, vanwege de kritische beginvraag van Martin, wat ook duidelijk wordt gemaakt door het niet-gelukte lachje van Verlinden. Ik had ook kunnen beginnen door te vertellen dat Martin Hogeveen organisatie-adviseur is, die moet analyseren wat er allemaal mis is met een gemeentelijke afdeling waar Verlinden directeur van is. Dat zou volgens mij echter een minder krachtig begin opleveren.

Een ander voorbeeld zal ik wat uitgebreider analyseren om het belang van scènes en structuur te verduidelijken: Tim Krabbés roman *De grot*. De titel van het eerste hoofdstuk is 'Een koffer naar Ratanak brengen'. Het begint als volgt. 'Na ongeveer een kilometer, zoals hem was gezegd, zag hij het. Een breed betonnen gebouw, vijf verdiepingen hoog, een eindje van de weg aan de rand van het vliegveld.' Na nog enkele beschrijvende zinnen staat er: 'Om elf uur moest hij op die parkeerplaats zijn. De angst ruiste als een verliefdheid door zijn bloed.' Het begin is tamelijk mysterieus, en deze toon zet Krabbé zeer bekwaam door in de rest van het hoofdstuk. De lezer krijgt inmiddels het idee dat er drugs in het spel zijn. De man, die Egon Wagter blijkt te heten, moet op de genoemde parkeerplaats iemand anders ontmoeten, een vrouw. Waarschijnlijk moet er een koffer met contrabande worden overgedragen. Het eerste hoofdstuk eindigt met de volgende passage:

> En als het nu eens onzin was dat ze niets van elkaar mochten weten? Wat was het risico daarvan tegenover de zekerheid dat ze elkaar nooit meer zouden zien? Hoeveel seconden had hij nog om te beslissen of zij niet ieder risico waard was? Zou hij uitstappen, haar tegenhouden, vragen hoe ze heette, waar ze woonde, of, als ze al wegreed, het nummer van haar auto noteren?
> Hij wist het niet. Hij moest nu beslissen.
> Ieder moment kon hij het geluid horen van haar motor die aansloeg.

Elke lezer zal zich de vraag stellen wat er verder gaat gebeuren. Er hangt voldoende onraad in de lucht om het ergste te vermoeden. En wie is die vrouw in die andere auto? Krabbé geeft geen antwoorden, in ieder geval niet direct. Hoofdstuk 2 van *De grot* schakelt namelijk betrekkelijk ver terug in de tijd, naar Egon als jonge middelbare scholier, die met Davy Jeugdreizen naar een kamp in de Ardennen gaat: 'Egon zag Axel van der Graaf voor het eerst op een mooie, heldere zomerochtend om zeven uur, op perron 1 van het Centraal Station in Amsterdam.' Niet alleen door middel van de hoofdpersoon Egon legt Krabbé een verband met het voorgaande, maar ook via de naam Axel van der Graaf, die in het eerste hoofdstuk al voorkomt in een ongunstig daglicht: 'Het niet af te schudden gevoel dat dit de laatste dag van zijn leven was. De rivier die daar stroomde, zonder iets van hem te weten. Dat hij een klootzak als Axel van der Graaf over zijn leven had laten beschikken.'

De spanning in *De grot*, wat mij betreft Krabbés beste roman, is in belangrijke mate het gevolg van de manier waarop het verhaal is gestructureerd. In hoofdstuk 1 gaat het dus om een drugstransactie van Egon Wagter (misschien is zijn achternaam veelbetekenend) met een vrouw in een onbekend Aziatisch land. Hoofdstuk 2 duikt het verleden in, en gaat aanvankelijk over de groepsreis met jongeren naar de Ardennen, waar de veertienjarige Egon de vrijgevochten, brutale meisjesversierder Axel leert kennen. Egon verliest Axel uit het oog, maar ontmoet hem later meermaals met enkele tussenpozen in Amsterdam. Aan het eind van dat hoofdstuk geeft Egon toe aan de druk van de meedogenloze manipulator Axel om een drugstransport uit te voeren:

> Als je maar een grote klootzak was, dan lag de wereld aan je voeten. Axel had gelijk, de beschaving was vernis, een verbond van de lafbekken om zich te beschermen tegen de echte heersers, degenen die pakten wat ze hebben wilden.
> Er was maar één wet: Axels wet.
> Ik geeft het toe, dacht Egon. Ik heb verloren. Hij heeft gewonnen.

En dan begint op pagina 97 hoofdstuk 3 met: 'De vondst van de lijken van twee westerlingen op een parkeerterrein bij het vliegveld van Ratanak, de hoofdstad van Ratanakari, had onder meer tot gevolg dat een Nederlandse journalist twee weken later aan het andere eind van die stad was, in de wijk Russei Keo, waar in grote vijvers vis werd gekweekt.' Dit hoofdstuk wordt verteld vanuit het perspectief van de journalist Polak; altijd handig voor een verhaal, zo'n journalist die het een en ander uitzoekt over een moord, en aan wiens hand de lezer ook van alles te weten komt. Opvallend is natuurlijk dat we als lezer in feite teruggaan naar het eind van het eerste hoofdstuk, maar dat twee essentiële aspecten openblijven: wat is er precies gebeurd, en wie was die vrouw?

In hoofdstuk 4 maakt Krabbé opnieuw een sprong, niet alleen in tijd en vertelperspectief, maar ook weer qua locatie. De verteller in dit hoofdstuk is Arthur, de zoon van David en Marcie, wonend in de Verenigde Staten. Marcie, eigenares van een slecht lopende stenenwinkel, is zonder enig bericht verdwenen. Daar leert de lezer dat Marcie oorspronkelijk uit Nederland kwam, en hij kan de stukjes van de puzzel in elkaar gaan passen. In het korte slothoofdstuk is de lezer bij Egon en het meisje Marjoke in de Ardennen. Ze zijn verliefd op elkaar zoals jongeren van veertien jaar verliefd kunnen zijn: heftig, maar niet bij machte om vorm te geven aan hun gevoelens. De term 'olivijnbasalt' voor een bepaald soort gesteente wordt gebruikt, een naam die ook in hoofdstuk 4 al voorkwam. We weten dat Egon zijn grote, onmogelijke liefde Marjoke/Marcie pas in de dood weer ontmoet, een favoriet thema van Krabbé.

Juist door de gekozen structuur, de manier van vertellen, het wisselen van tijd, locatie en perspectief verhoogt Krabbé de spanning in het verhaal. Hij suggereert, breekt af, bouwt op, begint aan een nieuwe verhaallijn zonder alle connecties te expliciteren. Het is een aardig gedachte-experiment om de volgorde van de hoofdstukken van het boek chronologisch te maken, waarbij één van die hoofdstukken moet worden 'opgeknipt':

1 Vakantiereisje naar de Ardennen met onder anderen Axel en Marjoke (eerste deel van huidige hoofdstuk 2)
2 (Verliefde) scène tussen Egon en Marjoke, plus vertrek uit de Ardennen (oorspronkelijk het afsluitende hoofdstuk 5)
3 Ontmoetingen tussen Egon en Axel, eindigend met het feit dat Egon zwicht voor Axel (tweede deel van oorspronkelijke hoofdstuk 2)
4 Egon in Ratanak (nu hoofdstuk 1)
5 Het verhaal van het verdwijnen van Marcie in de USA (nu hoofdstuk 4)
6 Journalist Polak in Ratanak speurend naar wat er precies is gebeurd.

Het valt uiteraard niet te bewijzen, maar ik kan me niet aan de indruk onttrekken dat op deze manier verteld *De grot* een stuk minder boeiend zou zijn. Hoewel er wel een mysterie overblijft (op te lossen door Polak in het laatste hoofdstuk), zou in deze opzet het verhaal zich voor de lezer vanzelf ontrollen. Je zou kunnen zeggen dat Krabbé met zijn methode van een 'plot' plus een 'structuur' een 'roman' maakt. Hij geeft de lezer werk te doen: verbind dit allemaal maar eens met elkaar, ik ga het niet keurig voor jullie uitleggen. Hij maakt er een interessant en daardoor spannend verhaal van. Dat verhaal is dan niet een in serie gezette reeks gebeurtenissen, in het dagelijks leven eventueel door 'en toen en toen' met elkaar verbonden. In *De grot* worden die gebeurtenissen als het ware bewerkt, in een specifieke volgorde verteld, vanuit verschillende gezichtspunten, in treffende scènes. Zo wordt een 'en toen en toen'-verhaal een spannende roman, waarmee ik trouwens niet wil beweren dat aan elk 'en toen en toen'-verhaal bij voorbaat elke spanning zou ontbreken. Ook daarin kan er sprake zijn van een intrigerend raadsel dat beetje bij beetje wordt opgelost, en dat de lezer ertoe aanzet het boek niet weg te leggen, maar naar de verteller te blijven luisteren.

Een boek dat ook een groot deel van zijn aantrekkingskracht ontleent aan de manier waarop het is gestructureerd, is *De vrouw die tegen de deur aan liep* van de Ierse schrijver Roddy Doyle. In deze roman is Paula Spencer aan het woord. Ze vertelt over haar mishandelende en criminele echtgenoot Charlo, wat er met hem is gebeurd en welke consequenties dat voor haar heeft. Hoofdstuk 1, dat nog geen twee pagina's telt, begint Paula met 'Ik hoorde het van een politieagent die aan de deur kwam.' Maar wat dat 'het' is, maakt ze niet duidelijk, hoewel we kunnen vermoeden dat het iets met Charlo te maken heeft. Het hoofdstuk eindigt met 'Hij zat in de keuken met zijn pet nog op. Hij vertelde me van alles over zijn familie.' Alsof die familie belangrijker zou zijn dan wat er met Charlo aan de hand is.

Het tweede hoofdstuk neemt een paar forse stappen terug in de tijd: 'Ik zwijmelde toen ik Charlo voor het eerst zag.' Hoofdstuk 3, slechts tien regels cursieve tekst, gaat over de gevolgen van een mishandeling.

In het vierde hoofdstuk van bijna twaalf bladzijden schieten we weer naar Paula's verleden en achtergrond, wat ook duidelijk gemaakt wordt door de typische beginzin: 'Ik had een oudere zuster, Carmel, en twee jongere, Denise en Wendy [...]' Het is of de schrijver via de monoloog van Paula aan de lezer duidelijk maakt dat hij niet zomaar weggeeft wat er allemaal aan de hand is: let op, lezer, dit moet u eerst nog weten, anders kunt u de rest niet goed plaatsen!

Op pagina 22 belanden we (in hoofdstuk 5, één pagina) weer in het gesprek van Paula met de politieman die bij haar aan de deur kwam om haar 'iets' te vertellen, maar het precieze doel van zijn bezoek blijft onduidelijk. Hoofdstuk 6 zet als volgt in: '"Wat een stuk is 't, hè?" Ik weet het nog; dat is het eerste wat ik over Charlo Spencer hoorde.' Kortom, Doyle schakelt weer terug naar het verleden. Dan volgt er een kort, cursief gezet hoofdstukje over de dokter die Paula onderzoekt na een mishandeling, en in hoofdstuk 8 volgt pas de informatie die de lezer in feite al aan kon zien komen. Maar Doyle doet dat niet door het gesprek tussen Paula en de politieman voort te zetten; dat zou misschien te makkelijk zijn. 'Het huis was verlaten [...]' staat er. 'Ik had het rijk alleen in huis. Gerard de politieman was vertrokken. Een aardige, zielige jongen. Ik was niet verbaasd. Ik had het altijd al zo'n beetje zien aankomen, Charlo was dood.' Gewoon een kille, koude mededeling: Charlo was dood. Enkele zinnen verderop wordt dat herhaald. En weer een paar zinnen verder: 'Gerard had me verteld dat Charlo dood was, maar hij had niet gezegd hoe.' Dat betekent dat de spanning erin blijft, want een belangrijke vraag blijft onbeantwoord.

Tientallen pagina's later in het boek komen we pas te weten hoe Charlo de dood heeft gevonden, en ook daarbij hanteert Doyle een opbouw van betrekkelijk losse scènes, waarin stukje bij beetje het verhaal wordt verteld door middel van enkele losse zinnen:

> 'Hij heeft een vrouw vermoord.' (p. 57)
> 'Hij moet het geweest zijn. Op de grond onder een deken.' (p. 78; over beelden van een televisie-uitzending)
> 'Mijn man is vorig jaar gestorven, bijna op de kop af een jaar geleden. Hij is doodgeschoten door de politie.' (p. 79)
> 'Mijn man heeft een vrouw vermoord, had ik je dat al verteld? Toen is hij neergeknald door de prinsemarij, had ik je dat al verteld? (p. 98)

Er zijn dus twee feiten: de moord op de vrouw en de dood van Charlo, en op pagina 98 worden die twee feiten met elkaar verbonden, maar de lezer weet nog altijd niets over de gang van zaken. Pas op pagina 110, na lange stukken die gaan over het verleden, over Paula's leven met Charlo, keren we terug naar de gewelddadige gebeurtenissen. Doyle begint daarbij als het ware weer aan het eind van de reeks gebeurtenissen met de constatering van een patholoog-anatoom. Daarna komen pas de feiten:

> Vanaf het begin.
> Mijn echtgenoot, Charles 'Charlo' Spencer, heeft een vrouw vermoord. Mevrouw Fleming. Gwen. Een vierenvijftigjarige huisvrouw. De echtgenote van meneer Kevin Fleming, een drieënvijftigjarige bankdirecteur. De moeder van drie volwassen kinderen. Hij doodde haar met een jachtgeweer. In haar keuken.
> Verder terug.
> Op donderdagochtend, 17 februari 1994, deed mevrouw Fleming open toen er bij haar werd aangebeld of geklopt, waarschijnlijk allebei. Het was nog voor achten. Ze maakte de deur open en daar stonden mijn echtgenoot en een andere man, Richard 'Richie' Massey haar op te wachten. Ze droegen bivakmutsen, spijkerbroeken en zwarte jacks met een ritssluiting. Een van de mannen had een jachtgeweer bij zich.

Wie mocht denken dat hierna als in een krantenverslag wordt gerapporteerd wat er is voorgevallen in het huis van de familie Fleming, komt bedrogen uit. Na ruim vier pagina's wordt de beschrijving afgesloten en volgt er een hoofdstuk dat begint met 'De trouwdag. Bij flarden was het grandioos...' Op deze manier geanalyseerd, is het net of Doyle het de lezer onnodig moeilijk maakt, maar dat is zeker niet het geval. Soms lijkt het chaotisch, maar dat wordt mogelijk ook veroorzaakt door het in alcohol gedrenkte verleden van Paula; van haar kun je zo'n 'van de hak op de tak'-verhaal verwachten. Het woordje 'puzzel' dringt zich op. Doyle legt steeds een (miniem) puzzelstukje neer, en het aansluitende stukje houdt hij achter om op een heel andere plek weer een stukje neer te leggen. De lezer wordt geïntrigeerd door de gaten die hij laat vallen. Juist hierdoor verhoogt hij de spanning in het verhaal.

Bij Doyle is er sprake van betrekkelijk lange en zeer korte hoofdstukken, en springt het verhaal ogenschijnlijk onsystematisch heen en weer in de tijd, terwijl een analyse duidelijk maakt dat de schrijver die structuur perfect in de hand heeft. Door achter te houden gegevens, door de achtergrond van de personages in te vullen blijft *De vrouw die...* boeiend tot aan de laatste zin. Bovendien is de manier van vertellen, in feite een lange, af en toe warrige monoloog van Paula, ook typerend voor haar warrige, getroebleerde geest. Zij vertelt het verhaal op haar eigen, persoonlijke manier, en als lezer sympathiseren we met haar, en dus gaan we mee in die manier van vertellen.

De structurering van scènes of hoofdstukken kan ook veel strakker zijn, zoals mijn eigen thriller *Geweten* laat zien. De hoofdpersoon van dat boek is Peter van Galen. In 1995, na zijn vroegtijdige pensionering, denkt hij terug aan een dramatische gebeurtenis van vlak na de Tweede Wereldoorlog. Hoewel hij er zelf bij betrokken was, vraagt hij zich toch af wat er destijds precies is gebeurd in het stadje aan het IJsselmeer waar hij toen opgroeide en veel optrok met vijf andere leerlingen van de plaatselijke HBS, drie jongens en twee meisjes. Om dit verhaal te vertellen, bedacht ik de volgende structuur: de oneven hoofdstukken worden verteld door Peter, die in het 'heden' (1995) teruggaat naar het plaatsje om daar uit te zoeken wat er is voorgevallen. De tussenliggende even hoofdstukken worden verteld vanuit het perspectief van steeds een van de leden van het vriendengroepje, in 1945 en 1946.

Op deze manier was het voor mij mogelijk om extra spanning in het verhaal in te bouwen. Raadsels uit het verleden worden in het heden opgelost en de lezer krijgt de dramatische gebeurtenissen vanuit verschillende gezichtspunten voorgeschoteld. Dat laatste leidt ook tot de vraag: wie heeft er gelijk, wiens waarheid is *de* waarheid? De lezer zal bovendien – weer de mentale activiteit die gevraagd wordt – de twee soorten verhalen met elkaar moeten verbinden om achter het werkelijke verhaal te komen.

Een interessante vraag is wel hoeveel verbrokkeling of fragmentatie een lezer kan verdragen. Als fragmentatie een trucje wordt om een verhaal 'bijzonder' of 'vreemd' te maken, werkt het niet. Het moet een dwingende voorwaarde zijn om juist dit verhaal te vertellen, dan kan het ook bijdragen tot de spanning. Als het niet functioneel is, dan helpt het eerder de beoogde spanning om zeep.

Sterke fragmentatie lijkt in ieder geval uit den boze voor korte spannende verhalen. Die zijn over het algemeen gebaat bij een eenvoudige lineaire structuur, waarin het conflict of de confrontatie van het begin chronologisch in de tijd wordt uitgewerkt. Voor sprongen in de tijd is simpelweg weinig ruimte, behalve flashbacks. Dat geldt ook voor wisselingen van perspectief. Een schrijver van korte verhalen kan daar ook maar beter spaarzaam mee omspringen.

De internationale bestseller *The Silence of the Lambs* van Thomas Harris is een heel ander type thriller, die zijn spanning veel meer ontleent aan actie, geweld en bizarre personages. Harris vertelt het verhaal wel chronologisch, en schiet dus niet heen en weer in de tijd, zoals in *De grot, De vrouw die tegen de deur aan liep* en *Geweten.* Bij hem zijn met name de wisselingen van perspectief belangrijk, en het op een handige manier opbouwen maar vooral afbreken van scènes. Het boek gaat over de pogingen van FBI-agente Clarice Starling om een seriemoordenaar van jonge vrouwen op te sporen met behulp van de informatie die een andere gevangenzittende seriemoordenaar, de kannibalistisch ingestelde Hannibal Lecter, aan haar verstrekt. Alleen al het feit dat Lecter de informatie slechts spaarzaam, mondjesmaat geeft, heeft consequenties voor de structuur: Starling moet in haar zoektocht steeds terug naar Lecter.

Vrijwel het hele verhaal is verteld vanuit Starling en haar meerdere Jack Crawford, totdat we op pagina 88 plotseling met een ander perspectief worden geconfronteerd, dat van een nieuw personage: 'In het oosten van Memphis, Tennessee, zaten Catherine Baker Martin en haar vriend naar een nachtfilm op de televisie te kijken...' Die overstap naar Catherine en de manier waarop ze wordt geïntroduceerd, laat onmiddellijk alarmbellen rinkelen. Is zij het nieuwe slachtoffer van de moordenaar, die van de politie de codenaam 'Buffalo Bill' heeft gekregen? En inderdaad: ze wordt door hem bewusteloos geslagen, en hij neemt haar mee in zijn auto, om haar – zoals zijn andere slachtoffers – eerst geruime tijd op te sluiten in een soort put in zijn huis voordat hij haar zal ombrengen. Dan volgen we weer Clarice Starling op haar zoektocht, tot op pagina 108 Harris het perspectief van de moordenaar kiest.

Op pagina 121 keren we terug bij Catherine, zich bewust van het lot dat haar wacht, opgesloten, letterlijk doodsbang, maar een eerste poging wagend om te ontsnappen. Aan het eind van dat hoofdstuk blijkt dat dat mislukt. De lezer lijdt mee met Catherine, maar moet haar als het ware weer loslaten, en komt pas bij haar terug op pagina 204, als ze een nieuwe, ultieme ontsnappingspoging doet. Die mislukt weer: 'Ze was ervan overtuigd dat ze nu zou sterven. Absoluut.' Dat zijn de laatste woorden van het hoofdstuk.

Door subtiel te schakelen, de informatie knap te doseren, weet Harris de spanning steeds hoger op te voeren, af en toe natuurlijk wel volgens de clichés van het thrillergenre. Dat blijkt bijvoorbeeld ook uit het taalgebruik. Neem deze zinnen vlak voor de hierboven geciteerde woorden: 'Catherines tranen stroomden heet over haar wangen en vielen op haar jumpsuit, waar ze de stof doorweekten en toen haar borsten verwarmden.' De temperatuur van tranen is per definitie dezelfde als de lichaamstemperatuur, en kunnen dus haar borsten (natuurlijk moeten de borsten even worden genoemd!) nooit verwarmen.

Als het gaat om structuur en opbouw in scènes, is het *intermezzo* ook relevant. In een verhaal waarin veel gebeurt, dat de lezer naar een climax lijkt te voeren, is het goed om soms pas op de plaats te maken. De lezer blijft nieuwsgierig en krijgt tegelijk allerlei informatie over achtergronden, personages, zijlijnen enzovoort. Zo ook in *De schreeuw van het lam*. Hoofdstuk 33 eindigt bijvoorbeeld met het voornemen van 'Buffalo Bill' om Catherine op korte termijn van het leven te beroven: 'Morgenmiddag kan hij het doen. Of morgenavond. Op z'n laatst overmorgen. In ieder geval binnenkort.' Dat voornemen krijgt geen vervolg in de tekst, en hoofdstuk 34 begint dan ook als een typisch intermezzohoofdstuk: 'Clarice Starling herkende het bord van de Stonehinge Villa's van het televisiejournaal.' (Clarice onderzoekt de woning van Catherine). Kortom, er is een bepaalde afwisseling van spannende scène en intermezzo, en veel thrillerschrijvers werken daarmee. In zo'n intermezzo krijgt de lezer weer de tijd om tot rust te komen en het totale verhaalverloop te overzien, terwijl tegelijkertijd de spanning van 'hoe moet dit verder gaan?' blijft bestaan. Een intermezzo mag daarom ook niet te lang duren of te veel zeurderige informatie bevatten, want dat breekt juist de spanning (zie ook hoofdstuk 9).

Niet alleen een hoofdstuk of het begin daarvan kan gelden als intermezzo, hetzelfde gaat op voor stukken tekst binnen een hoofdstuk. De schrijver volgt een bepaalde gebeurtenis, handeling of dialoog, maar neemt vervolgens gas terug. In *De grot* begint hoofdstuk 3 met de al eerder genoemde zin over de vondst van de lijken van twee westerlingen. Krabbé gaat er aanvankelijk niet op door – terwijl de lezer daar natuurlijk vooral in is geïnteresseerd –, maar wel over de wijk Russei Keo met zijn grote kweekvijvers voor vissen: 'Die vijvers waren doorsneden door dijkjes van bruine aarde waar kleine palmen op groeiden, en achter het idyllische groen van de mangobomen aan de overkanten van de vijvers zou je haast miljonairsvilla's verwachten [...].' Hier ook weer een adequate afwisseling van enerzijds scènes die direct bijdragen aan het verhaal of de intrige en die informatief zijn wat betreft de gebeurtenissen, en anderzijds fragmenten die de indruk wekken als intermezzo te functioneren (hoewel ze vaak belangrijke informatie bevatten).

Als het gaat om de werking van een tekst is ritme van groot belang, zoals Thomas Verbogt ook betoogt in *Schrijven is ritme*: 'Behalve het ritme in de zin, het ritme in wat een personage zegt, het ritme in de dialoog, is er ook het ritme van de vertelling: welke bewegingen maakt een tekst [...].' Wanneer komt een bepaald perspectief weer terug, hoe volgen lange op korte hoofdstukken, 'intermezzohoofdstukken' op andere hoofdstukken, wanneer komen spannende scènes voor?

Ritme betreft ook lengte van scènes. Met name een reeks korte scènes, vaak van elkaar gescheiden door een regel wit, roept spanning op. Zoiets heb ik bijvoorbeeld gedaan in *Loverboy*. Een vrouw, Yoka, gaat 's avonds laat met een pistool op weg naar het huis van Eefje, de minnares van haar man, terwijl ze denkt dat haar man op een conferentie is. Ik wissel dan betrekkelijk snel van perspectief: Yoka, Eefje, Yoka, Eefje... Zo'n opeenvolging creëert een soort samengebalde spanning, omdat de lezer wel, maar Yoka niet weet dat Yoka's man bij Eefje in bed ligt, maar vooral ook door het tempo waarmee de scènes elkaar afwisselen. Denk daarbij aan een film, waarin twee situaties als het ware door elkaar worden gemonteerd: twee bankrovers die onderweg zijn naar een bank, en enkele medewerkers van die bank die bezig zijn met de voorbereiding van een werkdag, een bekertje koffie drinken enzovoort. In films zijn die scènes dan vrijwel altijd korter dan in een boek mogelijk is, maar een boek kan dat procedé wel benaderen. In zo'n reeks korte scènes in een boek past geen intermezzo. Veel lezers zouden dat herkennen als een opzichtige poging om de 'mini-ontknoping' van die reeks uit te stellen.

De dosering van spannende scènes in een boek is wezenlijk voor het effect. Te veel van dit soort scènes kort achter elkaar laten een lezer ademloos achter en ze breken de spanning in plaats van dat ze daar verder aan bijdragen. Belangrijk is juist dat de lezer weer even tot rust komt, om vervolgens klaar te zijn voor een nieuwe, naar de keel grijpende scène. Charles den Tex heeft dat bijvoorbeeld heel knap gedaan in zijn thriller *De macht van meneer Miller*. Dat boek gaat over een man, Michael Bellicher, die valselijk beschuldigd wordt van een moord en tegelijk op het spoor is van een geheim internationaal netwerk via een computerprogramma. Bellicher wordt op zijn huid gezeten, bedreigd, achtervolgd in een aantal heftige scènes, die redelijk gelijkmatig over het boek zijn verdeeld. De betreffende scènes beginnen respectievelijk op de pagina's 61, 105, 129, 140, 172, 209, 222, 280 en 326. Natuurlijk is het aantal tussenliggende pagina's niet steeds gelijk; dat zou krampachtig zijn. Dan krijg je een staccatoritme en dat leidt tot voorspelbaarheid. Een goed gekozen en uitgewerkte structuur voor een verhaal draagt sterk bij tot het ontstaan van spanning. Een krampachtige, voor de lezer herkenbaar artificiële structuur zou die spanning onmiddellijk laten wegvloeien.

HOOFDSTUK 3

Tijd en tempo

Op het omslag van *Dag van de afrekening*, een thriller van John Gilstrap staat: 'Beleef de spannendste 24 uur van hun leven.' De zin is misschien wat ongelukkig geformuleerd – hun leven; het leven van wie? –, maar de bedoeling is duidelijk: met dit boek stort de lezer zich in een avontuur dat een etmaal duurt. Hoofdpersonen van deze thriller zijn Bobby en Susan Martin, die een weekend gaan kamperen in een nationaal park in de Verenigde Staten. Een van de redenen voor die korte kampeervakantie in een natuurpark heeft te maken met Susans zoveelste miskraam. Ze gaat ervan uit nooit kinderen te kunnen krijgen. Het weekend is therapeutisch bedoeld, maar de lezer begrijpt dat dit anders uit zal pakken. Midden in de nacht duikt er bij de tent van Bobby en Susan een klein, vervuild en huilend jongetje op. In een verwarrende situatie verschijnt er een man, met wie Bobby in gevecht raakt en die door Bobby wordt gedood. Volgens zijn identiteitsbewijs is het een politieman. Dit is het begin van een reeks bijzonder turbulente gebeurtenissen, te veel om hier uit de doeken te doen, die zich allemaal binnen vierentwintig uur afspelen.

De tijdsdruk zet het verhaal enorm onder spanning. Alles lijkt te gebeuren in een soort hogedrukpan, waaruit alleen af en toe even wat stoom kan ontsnappen (en dat zijn dan de intermezzo's die in het vorige hoofdstuk zijn besproken). Bobby en Susan rijden met het jongetje terug naar hun eigen huis; de politie raakt hen op het spoor; ondertussen komen de lezers te weten waar het jongetje thuishoort en wat er eigenlijk aan de hand is (gekidnapt door misdadigers die geld willen); de moeder van het jongetje zoekt wanhopig haar kind. Dit is nog maar een kleine greep uit de reeks van angstwekkende, bedreigende en gewelddadige gebeurtenissen. En ondertussen tikt de klok maar door.

Uiteraard had het verhaal gerekt kunnen worden, hoewel dan de titel *Dag van de afrekening* in het Nederlands niet meer toepasselijk was geweest; het origineel heet overigens *Even Steven*. Gilstrap had de gebeurtenissen kunnen 'spreiden' over bijvoorbeeld drie dagen, maar juist het feit dat alles in korte tijd plaatsvindt, intensiveert de spanning.

Vergelijkbaar is *Verloren* van Nicci French, die wat tijd betreft zelfs Gilstrap nog aftroeft, want het verhaal van dit schrijversduo speelt zich af in ongeveer een halve dag. Nina Landry woont met haar twee kinderen op Sandlin Island. Op Nina's veertigste verjaardag, vlak voor ze vertrekken voor een vliegvakantie, blijkt haar tienerdochter Charlie spoorloos. Nina gaat zelf op zoek naar haar, wat overigens ook typerend is voor dit type boeken: de hoofdpersoon wacht niet af, maar treedt handelend op, vaak met allerlei conflicten tot gevolg.

De tijdsdruk die belangrijk is voor de spanning, wordt op bepaalde plaatsen nog versterkt. In eerste instantie al betrekkelijk vroeg in het verhaal, als het de vraag is of Nina en haar kinderen op tijd zullen zijn voor het vliegtuig. Later wordt de druk sterker en gaan de 'voorbijtikkende seconden' van het achterplat een grotere rol spelen. Zonder de ontknoping volledig te verklappen, kan ik wel zeggen dat de opkomst van de vloed rond het Noordzee-eiland van wezenlijk belang is. Nina gaat een race aan tegen de klok. Het is de bedoeling dat de lezer op het puntje van zijn stoel die race volgt: haalt ze het, zal Charlie veilig naar huis terug kunnen keren?

Een probleem van boeken met deze opzet heeft in sterke mate met geloofwaardigheid te maken en is gebaseerd op de simpele vraag: kan dit allemaal in vierentwintig uur (of nog minder)? In het boek van Gilstrap verschijnen bijvoorbeeld politieagenten. Die doen onderzoek, ze gaan nog naar een andere plaats, ze komen weer terug in het natuurpark waar de neergeschoten man gevonden is. De activiteiten van Bobby en Susan lijken helemaal niet in één dag te proppen. Susan doet het jongetje in bad, laat hem slapen, gaat met hem naar een supermarkt om van alles te kopen, er volgt een overval in hun huis... Is dit allemaal wel mogelijk? Dat is de vraag van de kritische lezer. De auteur die zo'n soort boek schrijft moet die vraag voor zijn. De plot moet zo'n dwingend karakter hebben, we moeten zo sterk meeleven met de bedreigde hoofdpersonen, we moeten zo nieuwsgierig zijn naar de afloop, dat vragen over geloofwaardigheid op voorhand worden gedoofd. De lezer blijft in het boek geloven zolang de schrijver via allerlei spannende scènes werkt aan een intrigerend verhaal.

Verloren en *Dag van de afrekening* zijn betrekkelijk extreme voorbeelden, maar ook in verschillende literaire romans is er sprake van een 'tikkende klok'. De prachtige korte roman *Gloed* van Sándor Márai speelt zich ook af op één dag. 's Morgens ontvangt 'de generaal' een brief waarin een gast wordt aangekondigd, die in de nacht erna weer zal vertrekken. De gast is een (voormalige) boezemvriend die hij eenenveertig jaar niet heeft gezien. In één avond en één nacht, bij een diner, wordt de confrontatie tussen deze twee mannen uitgewerkt, een confrontatie rond hun gemeenschappelijke grote liefde. Als lezer weten we dat het conflict in deze korte periode tot een einde moet komen, ook als dat einde geen werkelijke oplossing inhoudt.

Gloed bevat niet, zoals de twee bovengenoemde thrillers, een bijna adembenemende serie spannende gebeurtenissen. De spanning zit ergens anders: tussen de twee mannen en in de vraag wat er in het verleden precies is voorgevallen. Juist die spanning wordt versterkt door het feit dat de ontmoeting slechts een halve dag duurt. De lezer weet het: als er al iets moet worden opgelost, dan dient dat in korte tijd te gebeuren. De feiten uit het verleden, die de lezer moet kennen om in het conflict mee te kunnen gaan, worden verteld via flashbacks en dialogen.

Een andere roman waarin tijd een belangrijke rol speelt is *Kroniek van een aangekondigde dood* van Gabriel García Márquez. De fameuze beginzin van het boek luidt: 'Op de dag dat ze hem zouden doden, stond Santiago Nasar om 5 uur 30 's morgens op om de komst van de boot waarmee de bisschop zou arriveren af te wachten.' En Márquez gaat door met het geven van tijdsaanduidingen, zodat de moord op Santiago Nasar als het ware steeds dichterbij komt. Op dezelfde eerste pagina staat nog: '[...] de vele mensen die hij was tegengekomen tussen het moment dat hij om 6 uur 05 zijn huis had verlaten en het moment dat hij een uur later als een varken was geslacht, herinnerden zich [...]'. Veertien bladzijden later: 'Het was 6 uur 25. Santiago Nasar pakte Cristo Bedoya bij zijn arm en nam hem mee naar het plein.'

Op pagina 49 is de aandacht gericht op de moordenaars, de gebroeders Vicario, en alles wordt nog steeds weergegeven als was het een verslag voor politie of justitie met alle belangrijke en onbelangrijke chronologische details die daarbij horen. 'Clotilde Armenta deed hem [de winkel in haar café, RA] altijd om 3 uur 30 's morgens open.' En enkele zinnen daarna: 'De gebroeders Vicario kwamen om 4 uur 10 binnen.' Dit terugschakelen in de tijd is een geschikte methode om de spanning op te voeren. Twee bladzijden verder worden de herinneringen van een kolonel opgetekend: 'Ik herinner me heel precies dat het vijf uur was en dat het begon te regenen.' En weer zes pagina's verder zijn we weer bij Santiago Nasar, die zo bij wijze van spreken een kans krijgt om zijn noodlot te ontlopen: 'Santiago Nasar ging om 4 uur 20 zijn huis in, maar hij hoefde helemaal geen licht aan te doen [...].' Op pagina 92 is de moord zeer nabij: 'Cristo Bedoya keek op zijn horloge: het was 6 uur 56.' Een bladzijde verder: 'Op het nachtkastje weer Santiago Nasars horloge 6 uur 58.' Zes uur achtenvijftig – de lezer met een goed geheugen weet nog dat de moord om vijf minuten over zeven zal worden gepleegd. De tijdsaanduidingen benadrukken het feit dat er een climax moet volgen. De lezer wordt naar die climax geleid, terwijl hij die vreemd genoeg al kent vanwege de beginzin.

Een verhaal dat zich binnen een dag afspeelt, hoeft niet per se spanning te ontlenen aan het feit dát de gebeurtenissen ook inderdaad binnen die ene, en juist binnen die ene dag worden afgerond. Soms kiest een schrijver voor een nauw omschreven eenheid van tijd, zoals Ian McEwan in de roman *Zaterdag*, terwijl dat verhaal zich ook over meer dagen had kunnen uitstrekken. Maar door het te comprimeren binnen een dag, ontstaat er ook een soort spanning (meer hierover in hoofdstuk 5).

De grot van Tim Krabbé is in het vorige hoofdstuk al aan de orde geweest, toen het ging om structurering van het verhaal. In het eerste hoofdstuk van dat boek wordt ook de spanning opgevoerd met behulp van de 'tikkende klok', die in feite al vanaf de eerste bladzijde begint te lopen: 'Om elf uur moest hij [Egon Wagter, RA] op die parkeerplaats zijn.' Egon Wagter komt in zijn hotelkamer: 'De wekkerradio bij zijn bed gaf aan dat het kwart over één was. Nog minder dan tien uur.' Zo'n tien bladzijden later: 'Kwart voor vier. Nog zeven uur en een kwartier.' Iets later volgen we de gedachten van Egon Wagter terwijl hij ergens zit te eten: 'Ze zien me, dacht hij. Zo zag het eruit toen dr. Egon Wagter iets at in een restaurantje, kort voor het moment waarvan iedereen heeft gehoord. Iedereen zal willen weten, maar niemand zal ooit weten hoe het was in *de uren* [cursivering van mij, RA] daarvoor.' De fixatie op tijd gaat door. Egon raakt in gesprek met enkele Australiërs, en het gaat over het lot dat sommige drugssmokkelaars te wachten staat.

> Maar — zo'n ramp was onthoofding nu ook weer niet. Al je zorgen voorbij, en het duurde maar twaalf seconden.
> 'Twaalf seconden?' zei Egon. 'Twaalf seconden van je cel tot je hoofd eraf is?' Het leek hem ineens akelig kort.
> 'Nadat je hoofd eraf is,' zei de Australiër. 'Het hoofd blijft twaalf seconden leven, wist je dat niet? Je kan alles zien en denken. Dan word je een beetje duizelig, en dan denk je: godverdomme, ik zal toch niet van mijn stokje gaan.'

Egon gaat terug naar zijn hotel, dat hij 'in een paar minuten' had teruggevonden. Hij neemt een douche en droogt zich af. 'Acht voor halfelf.' De lezer weet het: nog ruim een halfuur voor de ontmoeting op de parkeerplaats. Daar rijdt hij naartoe. 'Hij keek op zijn horloge. Twee voor elf.' Iets later: 'Elf uur. Over een minuut wist hij hoe dit afliep.' En de lezer ook, is de impliciete boodschap, de lezer die via de vermeldingen van het tijdstip gestuwd wordt in de richting van de (waarschijnlijk) dramatische gebeurtenis. Want dat is vooral ook de functie van de tijdsaanduidingen: omdat die voortdurend gegeven worden, weet die lezer ook dat er een climax moet gaan volgen.

In de thriller *De macht van meneer Miller* van Charles den Tex is de hoofdpersoon Michael Bellicher een *man on the run*: ten onrechte verdacht van moord, opgejaagd door de werkelijke daders, proberend zijn onschuld te bewijzen. Vanwege deze opzet is het boek te vergelijken met de klassieke spionagethriller *De 39 treden* van John Buchan, verfilmd door Alfred Hitchcock. *De macht van meneer Miller* is typisch een verhaal dat zich niet over een betrekkelijk lange periode kan afspelen, maar dat van begin tot eind ongeveer drie weken duurt. De hectiek van de tijdsdruk zorgt ook hier voor spanning, zodat de carrousel van levensbedreigende situaties geloofwaardig blijft. Den Tex heeft een specifiek procedé gevolgd om het tijdsverloop aan te geven, enigszins vergelijkbaar met de meer traditionele dagboekaantekeningen. Helemaal in de lijn van de inhoud van het boek, dat voor een deel gaat over manipulaties via computerprogramma's, staat er regelmatig tussen de 'actiehoofdstukken' een kort hoofdstukje met tekst uit het weblog van Michael Bellicher. Het eerste heeft als titel 'Bellilog 13.06.04' en het laatste (ruim na de feitelijke ontknoping) 'Bellilog 19.07.04' met slechts de mededeling: 'Ik ben er weer.' In zo'n verhaal is er misschien geen sprake van een hógedrukpan, maar de spanning wordt wel degelijk mede veroorzaakt door een bijna nerveuze voortgang van de tijd.

Thomas Harris' *De schreeuw van het lam* heb ik net als de thriller van Den Tex ook in het vorige hoofdstuk al kort besproken. Catherine Baker Martin is gevangengenomen door de seriemoordenaar met de codenaam 'Buffalo Bill', die altijd enige tijd wacht voor hij zijn slachtoffers om het leven brengt. Dat laatste is natuurlijk een handige zet van Harris. Zonder zo'n wachttijd of 'moordpauze' kon hij immers niet met tijd werken als een factor om de spanning op te voeren. Op pagina 102 zegt Jack Crawford tegen zijn ondergeschikte Clarice Starling: 'We hebben misschien een week de tijd. Hoogstens... Bloom denkt dat zijn rustpauzes korter worden.' Ongeveer twintig bladzijden later zegt Crawford het nog een keer: 'Zijn rustpauzes worden korter. [...] Hij heeft Catherine Martin nu ongeveer zesentwintig uur.' Die aanduiding met uren, in plaats van iets als 'ruim een dag' staat er waarschijnlijk ook niet toevallig. Ook uit veel eerder gegeven voorbeelden blijkt dat het voor een schrijver aanbeveling verdient om tamelijk exacte tijdstippen en tijdsduur te geven wanneer hij daarmee de spanning wil versterken (hoewel hier nog het woord 'ongeveer' is gebruikt).

Weer veertig bladzijden verder volgt de lezer het perspectief van Buffalo Bill, in werkelijkheid Jame Gumb geheten. Aan het eind van het hoofdstuk overweegt hij het volgende: 'Dit exemplaar is zo bijzonder, zo belangrijk voor waar hij mee bezig is, dat hij een lange wachttijd niet kan verdragen. Dat hoeft trouwens niet. Morgenmiddag kan hij het doen. Of morgenavond. Op z'n laatst overmorgen. In ieder geval binnenkort.' *Tik, tik, tik*, gaat de klok, de nerveuze hartslag van het verhaal. Clarice Starling raakt dicht bij Gumb, maar is ze op tijd? Zo'n zestig pagina's later mag de lezer weer in het ernstig geesteszieke hoofd van Jame Gumb kruipen, die tegen zijn witte poedeltje Precious zegt: 'Morgen, Precious. We gaan het mooooooorgen doen, morgenochtend vroeg.' Ook deze zinnen staan aan het eind van een hoofdstuk, waarna Harris het volgende hoofdstuk begint met: 'Starling had vijf uur lang vast geslapen toen ze in het holst van de nacht ontwaakte uit een angstdroom.' Nee, we volgen Starling dan niet meteen op haar speurtocht naar Gumb. Harris houdt het verhaal weer even op, met een passage die als een intermezzo is te beschouwen.

Een paar bladzijden verder staat er: 'De dageraad brak aan. De dageraad van de laatste dag van Catherines leven.' De lezer die het misschien nog niet begrepen heeft, krijgt het opnieuw ingewreven door Harris via deze noodlotsgedachte van Clarice Starling, en twee bladzijden later schrijft hij zelfs twee keer: 'Vandaag is de laatste dag van Catherines leven.'

Kort hierna volgt de lezer 'op de ochtend van de vierde dag' Gumb bij zijn laatste voorbereidingen voor de moord. Om in termen van tijd te spreken: dan is het inmiddels twee voor twaalf, en blijft de tijdsaanduiding verder achterwege totdat Starling (uiteraard net op tijd) in het huis van Gumb verschijnt. Ik vind overigens dat Harris het er met die tijdsaanduidingen wel erg dik bovenop legt. De boodschap is in mijn ogen zo ongeveer: lezer, ik vertel het voor een tweede keer, want mogelijk hebt u het nog altijd niet begrepen.

Tijd kan ook op een andere manier spanning in een boek bewerkstelligen, op basis van een belangstelling of zelfs een obsessie van de personages in het verhaal voor tijd. Een interessant voorbeeld daarvan is *De avonden* van (toen nog) G.K. van het Reve. Het is bekend: deze intrigerende roman gaat over het leven van de ongeveer twintigjarige Amsterdammer Frits van Egters in de laatste week van 1946 en de eerste dagen van 1947. De beginzinnen geven al meteen de eerste tijdsaanduidingen: 'Het was nog donker, toen in de vroege morgen van de tweeëntwintigste december 1946 in onze stad, op de eerste verdieping van het huis Schilderskade 66, de held van deze geschiedenis, Frits van Egters, ontwaakte. "Kwart voor zes," mompelde hij, "het is nog nacht."' Er gebeurt vrijwel niets in het boek, tenminste niet in termen van acties of handelingen die ergens toe (moeten) leiden. Het leven lijkt eerder op wachten, op het vullen van de tijd. Juist daardoor roept de soms bijna obsessieve aandacht van Frits van

Egters voor tijd zo'n spanning op. Op pagina 20 staat weer: 'Hij keek op zijn horloge. Het was kwart over negen. "De helft van de avond is voorbij," dacht hij.' Op pagina 38 is Frits in 'Het Presentenhuis' om iets te kopen, maar de metalen bekers zijn hem te duur en hij loopt de winkel uit. 'Hij was zes minuten binnen geweest.' Die avond gaat Frits op bezoek. 'Frits stelde vast dat het tien minuten voor negen was. Hij keek naar het plafond vol oud, verwaarloosd lakwerk.' Een schrijver kan de tijd, het volgen van de tijd, het verstrijken van de tijd een zodanige plaats geven in het gedachteleven van zijn personages dat er spanning ontstaat. Het versterkt bij de lezer de gedachte dat er iets binnen een zekere tijd staat te gebeuren, dat al dat klokkijken niet voor niets is.

Het tempo waarin verteld wordt, is voor de schrijver een belangrijk instrument om een verhaal spannend te maken. In *Hoe schrijf ik een spannend boek* tekent Patricia Highsmith hier het volgende over op.

> De keuze van het tempo hoort bij de opbouw van de plot en bij het gewenste effect op de lezer. [...] Mijn trage, om niet te zeggen saaie begin van boeken is vaak in een nogal geënerveerd proza geschreven. Een levenloze, slaperige villa aan een zonnig exotisch strand kan heel koortsachtig worden beschreven, al gebeurt er tachtig bladzijden lang niets. De stijl bereidt dan de lezer voor op het geweld dat zal gaan uitbarsten. Nog leuker is het misschien om in een heel rustig tempo te beginnen (als dat de schrijver ligt), en de lezer volkomen onverhoeds te overvallen met moord en doodslag. Het is onzinnig hiervoor wetten op te stellen. De schrijver moet de loop der gebeurtenissen zo onderhoudend en spannend mogelijk arrangeren, en het goede tempo voor een verhaal, snel, langzaam of middelmatig, zal dan waarschijnlijk vanzelf komen.

In de woorden van Highsmith, die inderdaad zelf heel goed in de gaten heeft dat haar boeken nogal eens saai en traag lijken te beginnen, gaat een auteur zitten schrijven en leidt dat min of meer natuurlijk tot een bepaald tempo, dat al of niet het gewenste effect heeft. Maar een schrijver kan ook bewust het tempo in een verhaal variëren. In feite gebeurt dat al vaak door de intermezzo-achtige stukken die een boek bevat, waarin de voortgang van het verhaal bijna wordt stilgezet. Dergelijke passages (of hoofdstukken) beginnen ook vaak op een bepaalde manier, wat ik nog een keer illustreer met de eerste zinnen van enkele hoofdstukken uit *De schreeuw van het lam*:

> – Clarice Starling stond, geradbraakt door een onrustige slaap, in haar badjas en op haar donspantoffels, met een handdoek over haar schouders geslagen, te wachten tot ze toegang kreeg tot de badkamer die zij en Mapp deelden met de studentes die naast hen woonden.
> – Op het dikke bruine water dobberden veren, gekrulde veren uit de duiventillen, opgenomen door windvlagen die het oppervlak van de rivier deden rimpelen.
> – Jack Crawford ontwaakte in alle vroegte op de bank in zijn studeerkamer en hoorde het gesnurk van zijn schoonfamilie in zijn huis.

De informatie heeft weinig of niets te maken met de ontwikkeling van de intrige, en zorgt dus voor een sterke vertraging van het tempo waarin die uit de doeken wordt gedaan. In hoofdstuk 9 van dit boek, dat vooral gaat over de manier waarop informatie al of niet wordt verstrekt, ga ik hier verder op in.

Vertraging en versnelling moeten elkaar zelfs in de spannendste thriller afwisselen. Een aaneenschakeling van temporijke spannende scènes laat de lezer buiten adem achter, en doodt in feite de spanning. Juist trage, beschouwende scènes zorgen ervoor dat die spanning in stand blijft. Als voorbeeld neem ik eerst *Deep Water* van Patricia Highsmith, dat in Nederland de titel *Stille waters* kreeg, een boek dat vooral in hoofdstuk 8, over personages, nog uitgebreid aan bod zal komen. Het verhaal gaat over Victor Van Allen, die getrouwd is met de manzieke Melinda, en het plan lijkt op te vatten de (nieuwe) minnaar van zijn vrouw te vermoorden. Op een avond is Victor met zijn vrouw op een feestje bij mensen thuis, waar ook de nieuwe minnaar Charley De Lisle komt, uitgenodigd door Melinda. In een halfdronken stemming duiken mensen in het zwembad. De zwempartij wordt op z'n Highsmiths tamelijk traag beschreven, totdat Victor zich realiseert dat hij alleen met Charley is achtergebleven in het zwembad. En dan maakt de schrijfster tempo: 'Vic zou het heerlijk hebben gevonden om hem bij zijn schouders te pakken en hem onder water te houden, en terwijl hij nog met die gedachte speelde, zwom Vic naar hem toe. De Lisle zwom met grote slagen naar de rand van het zwembad, maar Vic was in enkele tellen bij hem, greep hem bij zijn keel en duwde hem achterover. Zonder één enkele luchtbel verdween De Lisles hoofd onder water.' Er volgt nog een korte worsteling, maar binnen een halve bladzijde is de moord gepleegd.

Als Victor eenmaal uit het water is geklommen en zijn kleren heeft aangetrokken, belandt hij in de keuken, waar de 'nazit' van het feestje plaatsvindt. Dan komt het trage tempo van voor de moord terug: 'Phil schonk de koffie in en Melinda die wankelend een broodje met ham klaarmaakte, stond naast hem en mompelde iets over hoofdpijn die maar niet weg wilde gaan. Vic leunde tegen het aanrecht. Nu het feestje aan het aflopen was, leek de sfeer beangstigend veel op die van tientallen andere feestjes waar Vic geweest was...' Dit gaat ruim een bladzijde zo door. De schrijver kan zo'n vertraging juist bewerkstelligen, omdat de lezer weet dat er iets vreselijks is gebeurd. En die lezer weet ook dat de ontdekking van de moord moet volgen: Melinda gaat naar buiten gaat om Charley te halen. Ze ziet zijn lijk drijven in het zwembad.

Een laatste voorbeeld van het effect van vertragen en met name versnellen is afkomstig uit een van de spannendste en intrigerendste Nederlandse romans van na de Tweede Wereldoorlog, *De donkere kamer van Damocles* van W.F. Hermans. In het begin van het boek komt Henri Osewoudt bij zijn oom Bart, tante Fietje en hun dochter Ria te wonen, nadat zijn psychisch gestoorde moeder zijn vader heeft vermoord. Hij heeft een seksuele verhouding met Ria. In een gesprek vertelt Ria aan haar ouders dat Henri en zij gaan trouwen en de sigarenzaak van Henri's ouders willen voortzetten. Oom Bart en Fietje zijn daartegen, en het gesprek eindigt als volgt:

> En ik zeg dat het niet gebeurt!
> Tante Fietje stond op en ging de kamer uit.
> Nog diezelfde maand overleed zij aan een hartverlamming.
> Osewoudt en Ria trouwden de 25e augustus van het jaar 1939.
> Zes dagen later vertelde de radio dat Hitler met vliegtuigen en tanks Polen was binnengerukt.

In de literatuurwetenschappelijke theorie wordt vaak gesproken over 'verteltijd' (de tijd die het kost om iets te vertellen) en 'vertelde tijd', grofweg de beschreven periode in de tijd. Ik ga niet verder in op deze terminologie, maar het zal duidelijk zijn dat het bij spanning juist ook gaat om de verhouding tussen die twee. Scènes die in de werkelijkheid van het boek enkele minuten duren, nemen soms pagina's in beslag, terwijl in enkele zinnen een periode van dagen, maanden of zelfs jaren kan worden beschreven. Schrijvers die hiermee vaardig manipuleren – want in feite komt alles neer op manipulatie – kunnen daarmee hun verhalen boeiender en spannender maken.

HOOFDSTUK 4

Suggesties en verwachtingen

Ordünof is de hoofdpersoon van de roman *De jonge hospita* van F.M. Dostojewski, voor zijn doen een bijzonder korte roman, in de Nederlandse vertaling slechts 186 bladzijden. Ordünof moet verhuizen, omdat zijn hospita uit Sint-Petersburg vertrekt. Op zijn zoektocht naar een nieuwe kamer loopt hij een kerk in, waar hij twee mensen binnen ziet komen:

> Het waren een oude man en een jonge vrouw. De oude man was iemand van groote gestalte, met nog ongebogen rug en flink voor zijn jaren, maar erg mager en met een ziekelijk bleeke gelaatskleur. [...] Een lange, dunne, reeds grijzende baard hing hem tot op de borst en onder zijn zware, sombere wenkbrauwen schitterde een vurige, koortsachtig-vlammende blik, waarin tegelijkertijd een onmiskenbare trots lag. De vrouw was naar schatting omstreeks twintig jaar oud, en buitengewoon knap. Zij had een kostbaren, blauwen met bont omzoomden mantel aan en haar hoofd was bedekt met een witte doek, die onder de kin was toegeknoopt. Zij liep met neergeslagen oogen voort en een nadenkende ernst, die in haar geheele figuur en houding lag, gaf aan de kinderlijk-teedere, vrome trekken van haar gelaat een bijna droevige uitdrukking.

Alsof de schrijver bang is dat lezers zijn signaal niet zullen oppikken, voegt Dostojewski hieraan toe: 'Er was iets vreemds in deze menschen.' Maar de lezer doet natuurlijk meer dan – samen met

Ordünof – tot deze conclusie komen. De schrijver beschrijft immers niet alleen twee mensen via de observaties van zijn hoofdpersoon: hij geeft ook een suggestie en schept daarmee een bepaalde verwachting. Waarschijnlijk gaat elke lezer ervan uit dat Ordünof geïnteresseerd is in de jonge vrouw, die inderdaad 'de jonge hospita' uit de titel zal worden (en later Katarina blijkt te heten). Bovendien zal die lezer vermoeden dat de oude man met zijn 'koortsachtig-vlammende blik' een belangrijke rol zal spelen in het al of niet ontstaan van een relatie tussen Ordünof en Katarina. Dostojewski geeft twee bladzijden verder meer voeding aan deze verwachtingen:

> Getroffen en tegelijkertijd met een wonderlijk-zoet gevoel in het hart, volgde hij hen haastig, zodat hij gelijk met hen de kerk verliet. De oude man zag hem met norschen, eenigszins vijandelijken blik aan, maar zonder nieuwsgierigheid en min of meer afgetrokken, alsof zijn gedachten met heel iets anders bezig waren dan den persoon die hij aanzag.

Het zal niemand verbazen: Ordünof voelt zich sterk aangetrokken tot Katarina. De volgende dag gaat hij weer naar de kerk en knielt naast haar neer. 'Haar kleeren raakten de zijne aan en hij hoorde haar nerveus ademhalen onderwijl zij op innigen toon de gebeden prevelde. Haar gelaatstrekken drukten ook nu weer een innige vroomheid uit en weer stonden er tranen in haar ogen, stroomden ze zelfs over haar wangen, alsof ze daar de sporen van een ernstige misdaad moesten wegwisschen.' Hier versterkt Dostojewski niet alleen de verwachting dat Ordünof geobsedeerd raakt door Katarina, maar hij voegt meteen een andere suggestie in, namelijk die van een (geheimzinnige) misdaad waar Katarina bij betrokken zou zijn.

In *De jonge hospita* zijn de suggesties veel explicieter en duidelijker dan in de meeste moderne romans. De bedoelingen zijn echter hetzelfde. Als lezer ga ik iets verwachten, ik krijg vermoedens over wat mogelijk te gebeuren staat, er worden raadsels of problemen gesuggereerd, ik word een bepaalde richting uit gestuurd. De schrijver geeft openlijk, zoals in het boek van Dostojewski, of meer toegedekt de informatie die de lezer nieuwsgierig moet maken. Je zou ook kunnen zeggen dat de schrijver anticipeert op de vragen die de lezer zich mogelijk stelt. Die moeten de lezer aanzetten om van het boek een pageturner te maken. In dit geval zijn die vragen ongeveer de volgende:

– Ontstaat er een relatie tussen Ordünof en Katarina?
– Wat heeft de oude man met Katarina te maken?
– Zal de oude man een sta-in-de-weg blijken in de eventuele ontwikkeling van een relatie tussen Ordünof en Katarina?
– Welke rol speelt het verleden, en met name de gesuggereerde misdaad?

In een andere beroemde roman uit de negentiende eeuw, *Madame Bovary*, gaat Gustave Flaubert op een vergelijkbare manier te werk als zijn Russische collega, maar duidelijk subtieler. Emma woont nog op de boerderij bij haar vader. Charles de Bovary, huisarts, komt op de boerderij, terwijl iedereen behalve Emma naar het land is. Dan volgt een bijzonder suggestieve scène:

> Naar landelijk gebruik vroeg zij of hij iets wilde drinken. Hij bedankte, zij drong aan en stelde hem tenslotte lachend voor om een glaasje likeur met haar te nemen. Nu haalde zij een fles curaçao uit de kast, pakte twee glaasjes, vulde het ene tot de rand, schonk nauwelijks iets in het andere en zette dit, na met hem te hebben geklonken, aan haar lippen. Omdat het vrijwel leeg was, boog zij zich achterover om te drinken, het hoofd in de nek, de lippen tuitend, de hals gestrekt, lachend omdat zij niets proefde; en met de punt van haar tong tussen haar kleine tanden door likte zij met korte halen over de bodem van het glas.

Als dit geen sensuele verleidingsscène is, dan weet ik het niet meer. En inderdaad, de voor de hand liggende verwachting van de lezer komt uit: Emma trouwt met Charles, maar het is een ongelukkig huwelijk, tussen ongelijken van geest, en vooral ook ongelijken van emotie. Flaubert schrijft over Emma: 'Haar leven was kil als een zolder met een raampje op het noorden, en in het donker, in alle hoeken van haar hart, weefde de spin van de verveling stilzwijgend haar web.' Op een feest maakt Emma kennis met een ander soort leven, een leven van uitgaan, verleidingen en affaires. Ze ziet hoe een vrouw contact zoekt door aan een heer te vragen om haar waaier op te rapen, waarbij de vrouw 'iets wits dat tot een driehoekje gevouwen was' in de hoed van de heer werpt. Emma wordt door de (charmante) vicomte ten dans gevraagd:

> Zij begonnen heel langzaam, maar weldra ging het sneller. Zij draaiden rond: alles draaide om hen heen, lampen, meubelen, de lambrisering en het parket, als een schijf om zijn as. Toen zij voorbij de deuren dansten, bleef Emma's japon van onderen aan zijn pantalon haken, hun benen schoven langs elkaar; hij blikte op haar neer, zij sloeg de ogen naar hem op; zij verstijfde, stond stil.

De verwachting of het vermoeden van de lezer wordt bijna een zekerheid ('hun benen schoven langs elkaar'!): Emma zal Charles ontrouw worden. Die zekerheid betekent overigens niet dat de opgeroepen spanning wordt geneutraliseerd. Er blijven immers nog voldoende vragen over: hoe zal dat gaan? Wie wordt haar minnaar? Wat is de reactie van Charles? Hoe reageert de omgeving? Enzovoort.

Suggesties en daaruit resulterende verwachtingen roepen spanning op. De lezer wil kunnen toetsen of zijn verwachtingen in de rest van het verhaal worden bewaarheid. In een brief aan zijn uitgever Bert de Groot (in het brievenboek *Moedig Voorwaarts*) heeft Gerard Reve het in dit verband over 'anticipaatsie' die een belangrijk onderdeel is van de 'compositoire theorie' die hij heeft ontwikkeld: 'Voor de roman gelden, hoewel iets minder streng, dezelfde wetten als voor toneel en film. Gebeurt er iets dat de materialisatie van een sterke emootsie is, dan moet het publiek daarop voorbeid zijn, omdat anders diens ontroeringsenergie geen bedding heeft om doorheen te stromen.' Ook uit andere opmerkingen blijkt dat Reve die 'anticipaatsies' gebruikte om spanning te creëren, terwijl hij niet direct bekendstaat als een 'spannende schrijver'.

Door bepaalde suggesties licht de schrijver als het ware een tipje van de sluier op die vooralsnog over het hele verhaal hangt, en daarmee prikkelt hij de lezer. Volgens Patricia Highsmith in *Hoe schrijf ik een spannend boek* zet de schrijver in het begin al de lijnen voor de handeling uit, waarmee zij vooral een 'sluimerende handeling' bedoelt, een handeling die in de rest van het verhaal tot leven moet worden gewekt. Ze geeft de volgende voorbeelden: 'Het verlangen van een personage om een reis ergens heen te maken; het verlangen van een ander om zich van zijn omgeving los te maken, en zijn onvermogen daartoe; het verlangen van een personage naar iets (of iemand) buiten haar of zijn bereik; of het aanduiden van een potentieel gevaar – dat kan alles zijn, van termieten en de kans op een aardbeving tot een geestelijke stoornis van een der hoofdpersonen.' Ieder die het werk van Highsmith een beetje kent, weet dat dat laatste haar favoriete thema is, vooral als het om een stoornis gaat die niet erg naar voren treedt, maar eerder toegedekt blijft, zodat suggesties de lezer juist in de ban van het verhaal kunnen houden.

Highsmith geeft een verder uitgewerkt voorbeeld van een mooi jong meisje (natuurlijk moet ze mooi zijn vanwege het contrast) dat trouw voor haar aan een rolstoel gekluisterde grootvader zorgt. Voor hem sluit ze zich van de wereld af. 'Dat kan natuurlijk niet zo doorgaan – niet als je er een boek over schrijft!' zegt Highsmith. 'In dat boek zal ze bijvoorbeeld een tijdje uit de wereld van opa's rolstoel stappen [...].' Als hoofdpersoon is er dus een mooi jong meisje dat droomt van een Ander Leven. Een schrijver heeft dan de taak om die droom of dat verlangen aan te stippen of te suggereren. Belangrijk is om dat zo te doen dat elke lezer dat oppikt zonder dat het er te dik bovenop ligt. In het laatste geval zullen veel lezers de opzet triviaal vinden, niet interessant, niet spannend. Een aardige opdracht voor een schrijfcursus is dus de volgende: neem het duo dat Highsmith schetst, en schrijf een scène waarin enerzijds het meisje haar opa lief en opofferingsgezind verzorgt, en waarin anderzijds een glimp doordringt van haar onvrede, en haar dwingende behoefte om uit de situatie te breken die zij als verstikkend ervaart. Let wel: een glimp!

Highsmith doelt in haar schrijfadvies vooral op het eerste hoofdstuk van een roman. Het begin van *Stille waters* (die blijken inderdaad diepe gronden te hebben) geeft er een prachtig voorbeeld van. Hoofdpersoon is Victor Van Allen, gezien burger van het stadje Little Wesley, getrouwd met Melinda. Op een feestje ontmoet hij Joel Nash, die hij verdenkt van een verhouding met de manzieke Melinda. Nash, die zich kennelijk toch wat ongemakkelijk voelt, zegt tegen Victor dat hij het waardeert dat die altijd zo aardig tegen hem is gebleven. Natuurlijk heeft hij niet echt iets gehad met Melinda, maar een andere al of niet terecht jaloerse echtgenoot zou hem mogelijk in elkaar hebben geslagen. Daarop antwoordt Victor glimlachend dat hij zijn tijd niet verdoet met mensen in elkaar slaan: 'Als ik iemand echt niet mag, dan vermoord ik hem.'

Nash beschouwt de opmerking van Victor voorlopig als een cynische grap, maar – om het clichématig te zeggen – het zaad van de twijfel is gezaaid. De lezer gaat er ook van uit dat Victor deze opmerking niet zomaar heeft gemaakt. De twijfel van Nash – en de vermoedens van de lezer – worden versterkt als het gesprek op Malcolm McRae komt, een vroegere minnaar van Melinda. Die is in zijn appartement in New York vermoord, en de dader is nog altijd niet gevonden. Victor laat doorschemeren dat hij zelf McRae om zeep heeft geholpen. Binnen tien bladzijden is de toon gezet. Victor Van Allen bedreigt de veronderstelde minnaar van zijn vrouw door tegenover hem een moord te bekennen die hij nooit heeft gepleegd. Dan kan de lezer niets anders verwachten dan dat er wel een moord móét volgen, zeker als we enkele pagina's verder het volgende lezen:

> Vic liet zijn fantasie even de vrije loop en stelde zich voor dat Mal [Malcolm McRae, RA] die avond naar Melinda's slaapkamer was teruggekeerd nadat hij zelf naar zijn kamer naast de garage was gegaan, dat hij erachter was gekomen en de moord zorgvuldig had voorbereid; hij was onder een ander voorwendsel naar New York gegaan, had bij Mal aangebeld met een raamlood onder zijn jas (de moordenaar moest een vriend of een kennis geweest zijn, hadden de kranten geschreven, want Mal had hem kennelijk rustig binnengelaten), en had Mal doodgeslagen. Rustig en efficiënt, zonder vingerdrukken achter te laten – dat had de echte moordenaar ook niet gedaan.

Suggesties in het begin van een roman zetten vaak de toon voor de rest van het boek. Aan het eind van het eerste hoofdstuk van *Stille waters* denkt Victor bijvoorbeeld aan wat een vriendin ooit tegen hem heeft gezegd, en het staat zelfs cursief in het boek: 'Je bent iemand die geduldig afwacht en dan op een dag ineens iets doet.' Dit werkt als een voorspelling, een voorafschaduwing van wat onvermijdelijk gaat gebeuren.

Betrekkelijk in het begin van *De donkere kamer van Damocles* schrijft Hermans het volgende over Henri Osewoudt: 'Zijn aandacht concentreerde zich op vreemde visioenen: dwars door de kamer waren spoorrails aangelegd, waarover hij lange treinen voorbij liet daveren. Hij dacht zich in dat er buiten voor de winkel vliegtuigen stonden met brullende motoren, zonder op te stijgen, of geweldige kanonnen die onophoudelijk schoten met schokkende lopen.' Osewoudt beschikt kennelijk over een nogal rijke fantasie, die mede op oorlogshandelingen is gericht. De lezer voelt dat dit consequenties moet hebben voor de rest van het verhaal. Vlak na de inval van de Duitsers komt ene Dorbeck, luitenant in het Nederlandse leger, de winkel van Osewoudt binnen. Die krijgt een filmrolletje van Dorbeck dat hij moet afdrukken.

> – Geeft u maar hier, zei Osewoudt. Ik zal mijn best doen, maar ik garandeer niet dat het overmorgen klaar is. Hoe is de naam?
> – Dorbeck. Met ck.
> 'Dorbeck' schreef Osewoudt op het filmpje, met ck.
> – Ik heet Osewoudt met dt, zei hij en legde het rolletje in de la van de toonbank.
> – Dan lijken onze namen op elkaar.
> De officier gaf Osewoudt een hand en keek hem recht in zijn ogen. Osewoudt zag dat de ogen van de luitenant op precies dezelfde hoogte als de zijne lagen. Het waren grijsgroene ogen, die hem aankeken of zij iets bijzonders in hem zagen. Nog nooit hadden ogen hem aangekeken op zo'n manier, behalve als hij zichzelf in de spiegel zag.

Iets later zegt Osewoudts vrouw tegen hem: 'Hij leek precies op jou, zoals een negatief van een foto lijkt op een positief.' Het dubbelgangersmotief is daarmee gegeven, inclusief de verwachtingen over Dorbeck als 'projectie', als beeld dat Osewoudt vanuit zijn fantasie heeft ontwikkeld. Maar misschien niet alleen maar fantasie, want Osewoudt, vrouw heeft de man gezien. Hoewel, hij kan die observatie van zijn vrouw ook hebben gefantaseerd; het verhaal wordt immers vanuit het perspectief van Osewoudt verteld.

Lezers van nu zijn waarschijnlijk meer gespitst op of geschoold in het interpreteren van suggesties dan lezers uit het midden van de vorige eeuw. Naar hun smaak legt Hermans het er misschien te dik op. Suggestie volgt na suggestie, zodat de hypothetische conclusie over de gefantaseerde dubbelganger bijna een zekerheid wordt, die de lezer krijgt ingepeperd. Dat roept de vraag op hoe voorzichtig een schrijver moet zijn met het doen van suggesties. Bij voorkeur moeten dat er niet te veel zijn en moeten ze informatie bevatten die de lezer wel signaleert, zonder zich er al te zeer van bewust te zijn. Dat is een van de lastigste taken voor een schrijver, omdat die immers altijd hoopt dat zijn bedoelingen ook inderdaad overkomen bij de lezer. Hermans lijkt ook te denken: als u het nog niet in de gaten hebt, lezer, dan zeg ik het nog een keer.

In *De donkere kamer van Damocles* staan ze in het begin, maar suggesties komen ook vaak in de loop van een verhaal voor. In mijn roman *Geweten* (zie ook hoofdstuk 2) werk ik daar veel mee. Dat is vooral mogelijk door de gekozen structuur. Op pagina 39 is Peter van Galen 'in het heden' terug in het stadje waar hij is opgegroeid, en waar in het verleden 'iets ergs' is gebeurd. Hij staat voor zijn voormalige middelbare school: 'Ik keek naar de gevel en de adem werd me haast benomen. Dit kon niet, dit was een te wrede grap van de geschiedenis, dit was onbestaanbaar. Maar het bord waarop POLITIE stond, bewees dat het wel degelijk mogelijk was.' De lezer kan dan vermoeden dat de onbenoemde gebeurtenis uit het verleden te maken heeft met de politie.

Nog een voorbeeld van de manier waarop suggesties in het heden verwachtingen oproepen over zaken uit het verleden: Peter van Galen logeert bij Henk, die destijds met hem in een vriendengroepje van middelbare scholieren zat. Peter gaat 's nachts naar de wc en ziet licht in de woonkamer branden. Daar zit Henk in z'n eentje, die zegt vaak niet te kunnen slapen. Peter vraagt of hij geen slaappillen neemt. 'Heb ik een paar keer gedaan, maar ik werd 's ochtends hartstikke beroerd wakker, nu dus ga ik hier maar zitten en wacht tot ze op bezoek komen.' 'Op bezoek?' 'Ja, Sytze en Trudy natuurlijk, wie anders?' Inderdaad. Wie anders?

Er zijn meer suggesties dat er iets aan de hand is of is geweest met Trudy en Sytze, die ook deel uitmaakten van het vriendengroepje. Zo bezoekt Peter hun graf en praat hij met een andere vriendin, Ineke, over hun gedeelde verleden, een scène die eindigt met Inekes opmerking 'Het is allemaal erger dan jij denkt... nog veel erger.' De verwachtingen van de lezer krijgen in de loop van het boek stukje bij beetje meer vorm, en tegelijkertijd wordt parallel daaraan duidelijk wat er nu in feite is gebeurd in het verleden. Of zoiets echt lukt weet je natuurlijk als schrijver nooit, maar ik hoopte bij het schrijven van *Geweten* in ieder geval dat de verwachtingen die ik probeerde op te roepen, het boek ook daadwerkelijk spannend zouden maken voor de lezer.

In traditionele misdaadromans, met name de whodunits, wordt door schrijvers meestal een serie verwachtingen gecreëerd, die te maken hebben met het ontrafelen van een moord. Vrijwel altijd wordt er in dat type boeken een moord gepleegd; vaak dient het lijk zich al aan in het eerste hoofdstuk. Wie heeft het gedaan? Dat is de grote vraag. Er is niet één duidelijke verdachte, want de spanning van zo'n boek ligt juist in het feit dat het er meer zijn. De schrijver creëert dus verwachtingen over het 'daderschap' van verschillende betrokkenen.

In *Moord in de pastorie* van Agatha Christie gaat het om de moord op ene kolonel Protheroe. Vanaf het begin van het verhaal, overigens de eerste Christie waarin de beroemde Miss Marple optreedt, worden personages geïntroduceerd met een zeker motief om Protheroe om zeep te helpen. Handig genoeg begint Christie hier al mee nog voordat Protheroe is vermoord. De dominee klaagt al over Protheroe: 'Hij wil nu de hele boekhouding van de kerk controleren, voor het geval er verduistering gepleegd zou zijn. Dat was het woord dat hij gebruikte. *Verduistering!* Verdenkt hij mij er soms van de kerkfondsen ontvreemd te hebben?' Verwachting: dominee zou wel eens de dader kunnen zijn. Enkele pagina's later zegt de geplaagde Lettice Protheroe over haar autoritaire en onderdrukkende vader: 'Als vader nu maar zo aardig was dood te gaan, dan was ik uit de zorgen.' Weer een paar pagina's verder wordt er over ene dr. Stone gezegd dat hij laatst behoorlijk ruzie had met kolonel Protheroe. Verwachtingen: weer twee mogelijke daders erbij. Aan het eind van dergelijke puzzeldetectives blijken de verwachtingen van de lezers meestal niet te worden bewaarheid (een tot dan toe onverdacht persoon is de moordenaar), maar die verwachtingen hebben inmiddels hun zegerijk werk gedaan: ze hebben voor spanning gezorgd en dus voor doorlezen, tenminste bij die lezers die dit type boeken graag lezen.

Uit het voorgaande moge duidelijk zijn geworden dat verwachtingen betrekking kunnen hebben op het geheel van de intrige. Maar ook binnen een bepaalde scène kan een schrijver verwachtingen scheppen over de afloop van die scène of over een scène die er snel op volgt. In feite zijn dit verwachtingen op de korte afstand, die soms binnen enkele pagina's al worden ingelost. Dat valt goed te illustreren met de 'zwembadscène' uit *Stille waters*, die resulteert in de moord op Charley De Lisle, de minnaar van Melinda. Deze scène beschreef ik al kort in het vorige hoofdstuk, maar dan vanwege de versnelling die Highsmith op een gegeven moment toepast. Eerst realiseert Victor zich dat van hem wordt verwacht dat hij zal gaan zwemmen, '[...] maar de gedachte dat hij het water in zou moeten terwijl Melinda en De Lisle er nog in waren maakte hem misselijk; eigenlijk maakte de gedachte dat hij naar het zwembad toe zou moeten lopen hem al misselijk, enkel en alleen omdat De Lisle het water had aangeraakt.' Dan (een halve pagina verder) krijgt Victor in de gaten dat hij alleen is met Charley De Lisle. Geen getuigen! Dat is de onuitgesproken boodschap. Victor gaat het water in, nota bene nadat Charley het aan hem heeft gevraagd, en als lezer weten we bijna zeker dat die daarmee het noodlot over zich afroept. Tenminste, de lezer verwacht dat, en opnieuw bekrachtigt Highsmith die verwachting, want 'het koude water en zijn natte haar dat tegen zijn hoofd aanplakte gaven hem [Victor, RA] een onaangenaam gevoel en zetten in zijn binnenste een kleine, woedende dynamo in werking'. Een dynamo betekent activiteit, woede leidt tot agressie: de lezer voelt aankomen dat het doodvonnis van De Lisle is getekend.

In *De schreeuw van het lam* zit de kannibalistische seriemoordenaar Hannibal Lecter gevangen. Hij zal door enkele politiemensen worden opgehaald om te worden vervoerd. Hij denkt daarover na: 'Ze gebruiken vaak voetkluisters en handboeien. Kluisters en boeien die je met een sleutel kunt openmaken. Met een sleutel zoals ik die heb.' Zo preludeert de auteur nogal opzichtig op een ontsnapping door Lecter. Zes bladzijden verder wordt die dreiging van een mogelijke ontsnapping voortgezet als Barney, een bewaker van de inrichting waarin Lecter is opgesloten, zegt: 'Laten ze hem maar goed in de gaten houden. *Hij* laat zijn aandacht geen moment verslappen.' Weer zes bladzijden verder vraagt FBI-agent Starling aan deze Barney of hij denkt dat de politiemensen Lecter aankunnen. 'Ik heb mijn twijfels.' En de twijfels bij de lezer zijn inmiddels ook gegroeid. Dan stelt de schrijver, Thomas Harris, de verwachtingen van de lezer geruime tijd op de proef. Pas bijna dertig bladzijden later lezen we over de twee politiemensen die Lecter zullen gaan begeleiden als hij wordt vervoerd. 'Ze waren kalm en voorzichtig,' schrijft Harris, 'en vonden het niet nodig dat dr. Chilton hun uitlegde wat er van hen werd verwacht.' De lezer kan niet anders denken dan: als dat maar goed gaat... Dan volgt de lange, zeer uitgebreid beschreven procedure waarmee de levensgevaarlijke en superintelligente Lecter van zijn cel naar een gereedstaande auto moet worden gebracht. Bijna aan het eind van die scène beweegt Lecter met zijn tong in zijn mond, tussen zijn tanden en zijn tandvlees. Dan staat er: 'Zijn tong hield stil toen hij bij het kleine metalen buisje kwam.' Hier komt het sleuteltje van zo'n veertig bladzijden eerder weer terug. De bange verwachtingen van de lezer worden bewaarheid. Dit voorbeeld laat ook zien dat er een goede timing vereist is bij adequaat spelen met verwachtingen van de lezer. De schrijver mag niet te veel ineens weggeven – wat mij betreft doet Harris dat wel door het zinnetje 'Met een sleutel zoals ik die heb' – en het is belangrijk om de verwachting langzaam op te bouwen, te versterken of te 'onderhouden'.

Verwachtingen kunnen voortkomen uit beschrijvingen, overdenkingen of dialogen, maar ze zijn ook door enkele woorden op te roepen. Dan zijn ze een gevolg van wat sommigen als een ijzeren wet zien voor literair proza: alles wat in een boek voorkomt moet betekenis hebben voor het verhaal dat wordt verteld. In een beroemde uitspraak heeft Tsjechov wel eens gezegd dat er aan het eind een (dodelijk) schot moet volgen als er in het eerste bedrijf van een toneelstuk een geweer aan de muur hangt.

Omgekeerd betekent dat dus: als er een bepaalde betekenisvolle gebeurtenis plaatsvindt, moet die worden voorbereid. Wanneer bijvoorbeeld een specifieke plaats (een huis, een plein of wat dan ook) op een gegeven moment een belangrijke rol gaat spelen, dan moet die plaats al eerder zijn genoemd. Dat impliceert weer dat er een verwachting wordt opgebouwd bij de lezer als een bepaalde zaak (een plaats, een instrument, een persoon) nadrukkelijk wordt genoemd, zonder dat het op die plaats een functie heeft. De lezer weet immers of kan weten: dit staat hier niet zomaar, dit moet terugkomen als een wezenlijke factor in de ontwikkeling van het verhaal.

In *Stille waters* wordt op pagina 30 over de steengroeve bij het stadje Little Wesley gesproken. Met een term die in de filmindustrie veel wordt gebruikt: de steengroeve wordt *geëstablisht*. (Excuses voor dit afzichtelijke leenwoord.) Pas bijna tweehonderd bladzijden verder komt de steengroeve terug als de plaats waar Victor Van Allen een tweede moord zal plegen. Je kunt je natuurlijk afvragen of er hier wel sprake is van een verwachting op basis van een suggestie door de schrijver, hoewel Highsmith Victor wel laat zeggen: 'De steengroeve is te gevaarlijk' (voor een picknick). Dit roept een vraag op over de relatie tussen weergegeven details en verwachtingen van de lezer. Niet elk detail, niet elke beschrijving van een interieur heeft immers een dergelijke functie in het verhaal. Zoals ik hierboven al schreef: een bepaalde zaak moet met een zekere nadruk worden genoemd. Als een schrijver laat weten dat er een asbak op een tafel staat, heeft dat zeer waarschijnlijk geen specifieke betekenis, maar de vermelding van een moker die in een hoek van de kamer ligt, heeft dat wel. Het gaat ook om de manier waarop iets wordt genoemd: niet te expliciet (omdat het er dan te dik bovenop ligt), maar ook niet te achteloos, want dan signaleert de lezer het niet meer tussen alle honderden andere feiten in een roman, zoals mogelijk vele lezers de opmerking over de steengroeve in *Stille waters* niet hebben opgemerkt.

De volgende twee voorbeelden zijn afkomstig uit *De macht van meneer Miller*, de thriller van Charles den Tex die ik al eerder opvoerde. In het kader van dit hoofdstuk gaat het nu om objecten die ‘op korte afstand’ in het verhaal een belangrijke rol spelen, en die op een zodanige manier worden beschreven dat lezers een bepaalde verwachting opbouwen. Hoofdpersoon Michael Bellicher is binnengedrongen in het appartement van een vrouw, wier lijk hij in zijn kantoor heeft gevonden. Hij gaat naar haar computer in de hoop daarop relevante gegevens te vinden en zet die computer aan. ‘Terwijl ik wachtte,’ staat er dan, ‘keek ik onder het bureautje. Op de grond lagen twee kleine dumbbells, handhaltertjes van twee kilo elk.’ Bellicher weidt er nog iets over uit, onder meer over het feit dat de betreffende vrouw die haltertjes natuurlijk gebruikte tegen eventuele RSI. Vooral ook die uitweiding schept de verwachting dat er met de haltertjes meer gaat gebeuren. En inderdaad, drie pagina’s later slaat Bellicher met zo’n haltertje een andere indringer een tamelijk ongezonde deuk in zijn hoofd.

Veel verder in het boek koopt Bellicher een aansteker. In de winkel ziet hij een klassieke Zippo liggen. Mooie dingen geven hem een bepaalde voldoening, ‘die de goedkope wegwerpvariant niet had. Ik kocht een Zippo, met vuursteentjes en een busje benzine erbij.’ De uitweiding krijgt een kort vervolg als Bellicher meteen daarna op een terras plaatsneemt. ‘Ik vulde de aansteker en wachtte tot de benzine in de lont was getrokken. Met een sigaret tussen mijn lippen flipte ik het kleine dekseltje open en draaide het wieltje met mijn duim. De zacht gele vlam walmde even en werd rustig.' Bedenk dat Den Tex hier heel wat meer zegt over het simpel aansteken van een sigaret dan nodig is. Twaalf bladzijden later, als Bellicher wil ontsnappen aan nieuwe belagers, komt hij bij hun auto, die hij met de aanstekerbenzine in de fik steekt.

Verwachtingen hebben vooral een sterke, spanningsverhogende werking als lezers meer weten dan de personages in het boek. Het gaat dan vaak om bedreigende informatie. De lezer verwacht dat het mis zal gaan, misschien juist omdat het personage niet op de hoogte is. Ik noem dit wel het 'Jan Klaassen-effect'. Kinderen kijken naar een poppenkastvoorstelling. Jan Klaassen heeft – zoals het hoort – ruzie met zijn vrouw Katrijn. Achter Jan Klaassen staat een man met een omhooggeheven stuk hout, die kennelijk van plan is Jan Klaassen op zijn hoofd te timmeren. 'Achter je! Kijk uit! Pas op!' roepen de toeschouwertjes. In die situatie bevindt zich ook de lezer die meer weet dan het personage.

Schrijvers kunnen dit effect met name bereiken door van vertelperspectief te wisselen. Wat het ene personage weet, ziet en hoort, is immers vaak niet bekend bij het andere. Dat 'verschil in kennis' is belangrijk. In mijn boek *Zinloos geweld* gaat student journalistiek Felix Nieberg op zoek naar zijn biologische vader. Hij vindt hem, maar maakt zich niet bekend als zijn zoon, omdat hij de man wil leren kennen zoals hij 'echt' is. Felix interviewt deze man (Martin Hogeveen), zogenaamd voor een opdracht van zijn studie. Er ontstaat een conflict, terwijl Hogeveen niet weet dat hij met zijn eigen zoon te maken heeft. De lezer verwacht dat het conflict uit de hand gaat lopen, en hij zou Hogeveen willen waarschuwen zoals de kinderen voor de poppenkast Jan Klaassen waarschuwen.

In *Dag van de afrekening* van John Gilstrap, dat ook vanuit verschillende perspectieven is geschreven, speelt het 'verschil in kennis' ook een belangrijke rol (zie ook hoofdstuk 3). De lezer weet inmiddels dat de man die Bobby heeft doodgeschoten tijdens de nachtelijke confrontatie in het natuurpark geen politieagent was, maar een crimineel die een peuter had ontvoerd. Op een bepaald moment laat Gilstrap Bobby dan het volgende denken. 'Er was zoveel dat hij niet begreep. Bijvoorbeeld: wat deed een politieman daar op zo'n bespottelijk uur in het bos? En als er sprake was geweest van een mysterieuze partner die Samuel heette, waarom was die man dan niet te hulp geschoten?' De lezer kent het antwoord op die vragen, maar Bobby worstelt verder. Het verhaal komt nog verder onder spanning te staan als de genoemde Samuel naar het huis van Bobby en Susan gaat om het kind terug te halen. Wij lezers zijn op de hoogte van zijn plannen, maar Bobby en Susan uiteraard niet. In zo'n geval is er in feite geen sprake meer van suggesties door de auteur. Hij anticipeert op een confrontatie, die de lezer ook verwacht.

In bovenstaande voorbeelden – en vooral in de misdaadliteratuur zijn er tientallen te vinden – weet de lezer dus iets wat een personage (of meer personages) niet weet. Schrijvers hebben nog een andere mogelijkheid om met deze 'kennis' te manipuleren, namelijk door een spannende, verrassende of fatale ontwikkeling te suggereren. Lezers weten daarbij niet wat er precies gaat gebeuren, en de personages in het boek weten het zeker niet. Dan staan er zinnetjes als de volgende:

– Dit was de laatste ochtend dat ze samen zouden ontbijten.
– Hij kon toen nog niet weten dat zijn kansen inmiddels tot nul waren gereduceerd.
– Als ze toen had doorgezet, zou haar leven er heel anders hebben uitgezien.

Het zijn typisch de zinnetjes waarmee de schrijver zich via de stem van de verteller als het ware tussen de lezer en het verhaal plaatst. Maar het zijn ook zinnetjes waarmee die schrijver laat zien dat hij het allemaal heeft bedacht, dat hij de personages heeft gecreëerd en in de hand heeft. In een iets ander verband zegt Renate Dorrestein hierover: 'Het gebruik [van deze verteltechnische ingreep] is echter af te raden, want het is een eersteklas verklikker van de aanwezigheid van de auteur. De lezer houdt er niet van om aan diens bestaan te worden herinnerd, aangezien op slag de fictionele droom dan is verstoord.' (uit: *Het geheim van de schrijver*).

Tot nu toe lijkt het er misschien op dat de in een boek gewekte verwachtingen altijd zullen uitkomen. Dat is zeker niet het geval. In *Dag van de afrekening* boetseert Gilstrap vaardig aan de verwachting dat Bobby en Susan, het zielige, getormenteerde echtpaar uiteindelijk het gevonden jongetje zullen mogen houden. Maar niks daarvan. Na de krankzinnige avonturen en verwikkelingen die zich binnen één etmaal afspelen, gaat het kind uiteindelijk terug naar zijn moeder. Maar het is toch 'eind goed, al goed' bij Gilstrap, en in zo'n sentimenteel boek als *Dag van de afrekening* moet dat ook bijna wel: in feite vindt er een klein biologisch wonder plaats en Susan wordt alsnog zwanger. Hollywood zou niet anders willen.

Een ander voorbeeld van een niet-waargemaakte verwachting is te vinden in *Stille waters*, een bijzonder rijk boek als het gaat om het aanstippen van spanningsverhogende elementen. Op een gegeven moment komt ene Brian op bezoek bij Victor en Melinda, omdat Victor een dichtbundel van hem zal uitgeven. Highsmith doet zelfs meer dan suggereren dat er wel iets zal gebeuren tussen Brian en Melinda. Op een gegeven moment zegt Brian, die logeert bij de Van Allens, tegen zijn gastheer: 'U heeft een *erg* aantrekkelijke vrouw.' Daaraan koppelt Victor een eerder gestelde vraag van Brian over het feit dat Victor in de garage een slaapvertrek heeft, en dat hij dus niet bij zijn vrouw slaapt. De volgende morgen zegt Melinda tegen Victor: 'Ik vind je vriendje bijzonder lief.' Highsmith geeft geen enkele indicatie of Melinda en Brian met elkaar naar bed zijn geweest. Misschien moeten we zeggen dat daarmee ook de verwachting in de lucht blijft hangen, maar ook dát verhoogt de spanning. Zoals anderen vaak hebben opgemerkt: de schrijver speelt een spel met verwachtingen van de lezer, onder meer met het oog op de spanning die hij wil creëren. Suggereer, maar wees niet al te duidelijk, is een voor de hand liggend schrijfadvies.

Tot slot van dit hoofdstuk ga ik naar een klassieke Nederlandse roman, namelijk *De avonden* van Reve. Ook daarin worden veel verwachtingen opgebouwd die niet worden ingelost. De spanning tussen de personages, met name tussen Frits van Egters en zijn ouders, is vanaf de eerste bladzijden bijna tastbaar aanwezig:

> 'Morgen vader,' zei Frits. Hij had het gevoel alsof hij voor het uitspreken van deze woorden door de hele luchtpijp een steen omhoog had moeten duwen, die nu voor zijn voeten viel. 'Morgen mijn jongen,' antwoordde zijn vader. Ze gingen aan tafel. 'Ik moet opletten,' dacht hij, 'ik moet scherp toezien.' Van het eerste ogenblik dat zijn vader begon te eten, bleef hij naar hem kijken. 'Hij kauwt zonder geluid,' dacht hij, 'maar de mond gaat er telkens bij open.' Hij bekeek de nek en voelde woede in zich opstijgen. 'Zeven wratten,' zei hij bij zichzelf, 'Waarom heeft hij die niet laten wegnemen? Waarom althans niet die dingen weg?'

De met moeite ingehouden woede van Frits, zijn vaak irrationele agressie tegen zijn omgeving, zijn pesterige gedrag, roept de verwachting op dat dit alles tot een gewelddadige uitbarsting zal komen. Het is zelfs sterker dan een suggestie. In de loop van het boek wordt het vermoeden van de lezer bijna een zekerheid: dit gaat uit de hand lopen, dit móét wel uit de hand lopen. Het tegendeel is echter waar. Reve speelt in *De avonden* op een sublieme manier met de verwachtingen van de lezer. Is het een teleurstelling dat die niet uitkomen? Nee, dat hoeft zeker niet het geval te zijn. De veronderstelling is immers dat de lezer doorleest omdat die wil weten óf de verwachting wordt bewaarheid.

In het geval van *De avonden* kan de lezer er uiteindelijk teleurgesteld over zijn dat Frits van Egters niet op z'n minst zijn vader vermoordt, maar ondertussen hebben de suggesties hun werk voor het creëren van spanning al gedaan.

HOOFDSTUK 5

Aankondigingen van het onvermijdelijke

In het vorige hoofdstuk citeerde ik Renate Dorrestein, die schreef dat de moderne lezer er niet van houdt om aan het bestaan van de schrijver of verteller te worden herinnerd via diens in het oog lopende verteltechnische ingrepen. Lezers uit de negentiende eeuw vonden het echter geen enkel bezwaar dat de verteller zich duidelijk manifesteerde en hen als het ware aansprak om aan te kondigen wat er zou gaan gebeuren. Om dit te illustreren geef ik twee citaten uit een van Charles Dickens' belangrijkste romans, *Grote verwachtingen*, waarin de hoofdpersoon Pip aan het woord is:

> Ware mijn leertijd afgelopen geweest dan zou ik nog op en top in mijn verbijsteringen bevangen gebleven zijn, dat durf ik wel beweren. Hij liep echter nimmer af, maar er werd een ontijdig einde aan gemaakt, gelijk ik nu ga vertellen.

> Een belangrijke gebeurtenis, het keerpunt in mijn leven, komt nu binnen mijn gezichtskring. Echter, alvorens ik daarover vertel, met al die veranderingen die er het gevolg van waren, moet ik één hoofdstuk aan Estella wijden. Dat is niet te veel voor een onderwerp dat zo lange tijd mijn hart vervuld heeft.

In *Sneeuw* doet Orhan Pamuk iets vergelijkbaars. Op de eerste bladzijde staat al: 'Laten we maar vast verklappen dat deze zachte, mooie mantel tijdens de dagen die hij in Kars zou doorbrengen, voor hem een bron van schaamte en ongemakkelijkheid, maar ook van vertrouwen zou zijn.' En iets verderop: 'Als de reiziger bij het raam niet al te vermoeid was geweest van de lange tocht, en de grote vlokken dons die naar beneden dwarrelden wat aandachtiger had bekeken, had hij kunnen aanvoelen dat er een zware sneeuwstorm op til was en was het hem wellicht meteen duidelijk geworden dat hij zich op een reis begeven had die zijn hele leven zou veranderen. Dan had hij nog op zijn schreden kunnen terugkeren.' Het is duidelijk dat Pamuk in deze moderne roman gebruikmaakt van een negentiendeeeuwse manier van vertellen. Er is natuurlijk wel een verschil tussen de ik-verteller bij Dickens en de onpersoonlijke verteller van Pamuk, omdat de ik-verteller vastzit aan het eigen perspectief. Voor de functie van de aankondiging in verband met spanning maakt dat echter niet veel verschil. Het gaat er in beide gevallen om dat de lezer 'gewaarschuwd' wordt, of dat die weet welke richting het verhaal uit gaat.

Passages zoals de geciteerde zinnen uit *Sneeuw* gaan verder dan een suggestie die bij lezers een bepaalde verwachting zou moeten wekken, hoewel de aankondigingen toch niet erg expliciet zijn. Een ontwikkeling in het verhaal wordt daadwerkelijk *aangekondigd*, en je zou je kunnen afvragen of dat niet dodelijk is voor de spanning van dat verhaal, weergegeven in de terugkerende vraag 'Wat gaat er gebeuren?' De lezer weet immers wat de volgende ontwikkelingen zullen zijn, waarmee het boek in één klap een deel van zijn aantrekkelijkheid of spanning zou kunnen verliezen. Maar zo simpel zit het niet in elkaar, omdat er immers nog veel vragen overblijven, zoals:

– hoe gebeurt het?
– wie zijn erbij betrokken?
– waarom gebeurt het?
– hoe gedraagt de hoofdpersoon zich eronder?

Een ander punt is dat lezers via zo'n aankondiging juist sterker bij het verhaal kunnen worden betrokken. Ze gaan er deel van uitmaken, ze worden bijna medeverantwoordelijk, en de schrijver heeft dat met zijn aankondiging bewerkstelligd. Dit principe zal ik demonstreren aan de hand van een van de beste psychologische thrillers ooit geschreven, *Het stenen oordeel* van Ruth Rendell. Deze roman begint met een kort hoofdstuk van anderhalve bladzijde, en de eerste zinnen luiden als volgt:

> Eunice Parchman doodde de familie Coverdale omdat ze niet kon lezen of schrijven.
> Er was geen sprake van een wezenlijk motief of van voorbedachte rade. Ze deed het niet uit geldbejag noch uit noodweer.

Tamelijk verrassend voor een misdaadroman. De schrijfster onthult in het begin al wie er vermoord worden en wie de dader is. En ze maakt het nog erger als ze aan het eind van dat eerste hoofdstuk schrijft: 'Twee weken later werd Eunice voor deze misdaad gearresteerd.' We weten nu niet alleen wie de dader is, maar ook dat die wordt opgepakt door de politie. Dus oninteressant als misdaadroman? Nee, juist niet, al was het alleen maar vanwege het 'omdat ze niet kon lezen of schrijven' in de eerste zin. Hoe kan analfabetisme leiden tot een meervoudige moord? Bovendien gaat door de 'aangekondigde moord' het Jan Klaassen-effect, dat ik in het vorige hoofdstuk al besprak, een belangrijke rol spelen. De lezer zou de familie Coverdale, die Eunice als inwonende huishoudster in dienst neemt, willen waarschuwen. Diezelfde lezer kan zich daardoor bijna medeplichtig gaan voelen, wat de betrokkenheid bij het verhaal versterkt.

Rendell werkt dit in het boek verder uit, en formuleert bij wijze van spreken de vragen die ook de lezer kan stellen. Het gaat om een passage waarin Jacqueline Coverdale een voorlopige afspraak met Eunice Parchman zou moeten bevestigen. Haar man George raadt haar aan om op te bellen, en dan volgt deze overweging of gedachte vanuit de verteller:

> Waarom niet nog eens opgebeld, Jacqueline? Draai dat nummer nog eens, dan wordt de telefoon opgepakt door een jongeman

op weg naar zijn kamer naast die van Annie Cole, die juist de bovenste traptrede heeft bereikt. En als je vraagt naar juffrouw Parchman, zal hij je vertellen dat hij nog nooit van haar gehoord heeft. Mevrouw Chichester dan. Er woont geen mevrouw Chichester, er is alleen een meneer Chichester, de huisbaas, op wiens naam de telefoon staat, maar die zelf in Croydon woont. Pak die hoorn nou, Jacqueline... [...]
Het moment was voorbij, de kans verkeken.

Door nalatigheid en gemakzucht (en later ook door goed bedoelde bemoeizucht) tekenen de Coverdales in feite hun eigen doodvonnis. De lezer weet dat, maar staat machteloos. Juist dat draagt sterk bij aan de onontkoombare spanning die kenmerkend is voor dit verhaal. Op enkele plaatsen komt Rendell terug op de aangekondigde moorden, zoals op pagina 75: 'Wie kon toen voorzien wat er op Valentijnsdag zou gebeuren? Welke notaris, hoe consciëntieus ook, had zich een massamoord op het vredige Lowfield Hall kunnen voorstellen?' Opvallend is natuurlijk dat hier niet alleen de moorden opnieuw worden aangekondigd, maar dat de schrijfster er nog een schepje bovenop doet: de lezer weet nu ook de datum waarop ze zullen worden gepleegd. Nog geen pagina later volgt een nieuw gegeven als Jacqueline meldt dat ze zich geen dag zonder haar man George zou kunnen voorstellen, en dat ze dus liever vóór hem zou komen te overlijden. 'Jacqueline vergat wat ze gezegd had over haar hoop het eerst dood te gaan,' staat er dan. 'Die hoop zou niet vervuld worden, hoewel ze maar een kwartier weduwe zou zijn.'

Wellicht de beroemdste moderne (korte) roman waarin de lezer al in de eerste zin de afloop van het verhaal krijgt voorgeschoteld, is *Kroniek van een aangekondigde dood* van Gabriel García Márquez. In hoofdstuk 3 citeerde ik al de eerste zin: 'Op de dag dat ze hem zouden doden, stond Santiago Nasar om 5 uur 30 's morgens op om de komst van de boot, waarmee de bisschop zou arriveren, af te wachten.' We weten het: Santiago Nasar zal aan een gewelddadig einde komen, zoals ook de familie Coverdale vermoord zal worden. Márquez blijft deze aankondiging in iets andere bewoordingen of vanuit een wisselend perspectief herhalen in zinnen waarin de woorden 'dood', 'doden' of 'gedood' regelmatig terugkomen. Hieronder een kleine greep:

– Het laatste beeld dat zijn moeder van hem had, was dat hij snel door haar slaapkamer liep
– [...] en daarna leek hij gelukkig te zijn met zijn eenzame moeder, tot de maandag van zijn rampspoed.
– Op de dag dat ze hem zouden doden, dacht zijn moeder [...]. [...] noch zij, noch haar moeder wist dat Santiago Nasar werd opgewacht om te worden gedood.
– Een nooit geïdentificeerd persoon had een papier in een envelop onder de deur door geschoven, waarin Santiago Nasar werd gewaarschuwd dat ze op hem zaten te wachten om hem te doden.

Deze zinnen zijn afkomstig uit (slechts) de eerste tien bladzijden, en zo gaat het maar door. Op pagina 47 staat zelfs: 'Nooit was een dood meer aangekondigd dan deze.' Dood, dood, Santiago Nasar zal worden gedood. Márquez blijft het erin hameren. Normaal gesproken zou je zeggen dat hij – om in de doodsterminologie te blijven – het verhaal hiermee om zeep helpt. Het tegendeel is waar. De roman staat geheel en al in het teken van de dood, en door zijn repeterende aankondiging van het verschrikkelijke gebeuren roept Márquez juist een beklemmende spanning op. Ook omdat er nog vragen overblijven, zoals: wie zijn de moordenaars en waarom willen ze Santiago Nasar vermoorden? Die vragen komen pas echt scherp naar boven en worden steeds prangender in het kader van de aangekondigde, onafwendbare moord op Santiago Nasar.

Márquez heeft dus gekozen voor de herhaling, en bij hem werkt dat uitstekend, maar herhaling kan ook een negatief effect hebben, met name wanneer de schrijver zich er niet bewust van lijkt te zijn. Het volgende fragment komt uit het begin van het korte verhaal *Kortsluiting* van Gerard van Emmerik:

> Twee kilo was hij inmiddels kwijt. En op de voorlaatste dag van zijn aardse bestaan leek ook de vriendin te gaan lukken, toen hij zich halverwege het parcours voor de verandering eens niet concentreerde op zijn sportschoenen of het rulle zand, maar opzij keek. Als hij zijn hoofd naar links had gedraaid, zou hij Prosper nooit hebben ontmoet en misschien nog in leven zijn.

'De voorlaatste dag van zijn aardse bestaan' én 'misschien nog in leven zijn' lijkt te veel van het goede. Het is moeilijk om precies te zeggen wanneer herhaalde aankondigingen de spanning versterken en wanneer het tegendeel gebeurt en de spanning juist wordt gereduceerd. Het opvallende is uiteraard dat in het boek van Márquez de aankondiging vele malen wordt herhaald. Dat kan niets anders zijn dan een bewuste ingreep van de schrijver. Vanaf het begin van *Kroniek van een aangekondigde dood* worden twee belangrijke vragen beantwoord: wat gaat er gebeuren en wanneer? Juist door het repeterend terugkeren van de antwoorden op die vragen, valt het zoeklicht nog scherper op drie andere vragen: wie heeft de moord gepleegd, waarom en hoe is het gebeurd? Ik heb de stellige indruk dat daar waar de schrijver de herhaling daadwerkelijk *plant*, het effect positief kan zijn. Als de schrijver 'zomaar' (zonder speciaal oogmerk) een herhaalde aankondiging invoegt, zal dat eerder een minder gunstige invloed hebben.

In het vorige hoofdstuk kwamen 'verwachtingen' aan de orde en hier 'aankondigingen'. Verwachtingen zijn gebaseerd op suggesties die de schrijver vaak zo subtiel mogelijk in zijn verhaal vlecht, terwijl de aankondigingen juist direct en duidelijk zijn. In feite is er een glijdende schaal van impliciet naar expliciet, van verwachting naar aankondiging. Schrijvers kunnen van die schaal gebruikmaken in de loop van een roman (een kort verhaal biedt daar onvoldoende ruimte voor).

Zomerval van Thomas Verbogt gaat over de mentale neergang van televisiepresentator Maurits Verkerk. Op de schaal van verwachting naar aankondiging zit Verbogt vanaf het begin al tamelijk dicht tegen de laatste categorie aan, maar hij is nog verre van expliciet. Aan het einde van het eerste hoofdstuk staat: 'Ik wacht op het heldere, oorverdovende geluid van het schot. Ik herinner me dat geluid niet. [...] Dat geluid ben ikzelf. Het zit in mijn hoofd. Het zit in de wijsvinger die ik in mijn mond steek en tegen mijn gehemelte druk. Ik knijp mijn ogen dicht als iemand die dadelijk gaat lachen zoals hij nog nooit gelachen heeft en nooit meer lachen zal.' Dit is meer dan alleen een vage suggestie, waarvan de spanning mede wordt veroorzaakt door de vaagheid. De lezer brengt onontkoombaar de vinger tegen het gehemelte in verband met de loop van een pistool. Ongeveer vijftig bladzijden later vult Verbogt dit verder in: 'Een schot. Eén schot. Meer niet. Ik weet waar ik een pistool koop.' En weer twintig bladzijden later volgt er een regelrechte aankondiging: 'Het praatprogramma van Otto Balg. Het wapen heb ik. De plaats nu ook. [...] Na een vraag van Otto Balg.' De lezer weet het: Maurits Verkerk is van plan zelfmoord te plegen tijdens de live-uitzending van een praatprogramma. (Zo'n op de televisie gepleegde zelfmoord tijdens een live-uitzending komt trouwens ook voor in een misdaadroman van de Griekse auteur Petros Markaris, *De zelfmoord van Che*. Dat boek verscheen in 2004, de roman van Verbogt in 1998.)

Een aankondiging als in *Zomerval* is uiteraard minder duidelijk dan bijvoorbeeld die in *Kroniek van een aangekondigde dood* of *Het stenen oordeel*. Het gaat in de roman van Verbogt immers om een voornemen van de hoofdpersoon, terwijl in de twee andere boeken de schrijver als alwetende verteller bij wijze van spreken ingrijpt en de lezer waarschuwt voor wat er te gebeuren staat. In *Zomerval* kunnen we ons altijd nog afvragen of Maurits Verkerk zijn plan inderdaad ten uitvoer zal brengen, en juist die vraag creëert spanning. In *Het stenen oordeel* zijn de moorden onvermijdelijk.

Een andere roman waarin er een verschuiving van verwachting naar aankondiging plaatsvindt, is *Zondag* van Georges Simenon. *Zondag* beschrijft niet alleen de gebeurtenissen op die ene dag, maar vanuit de hoofdpersoon Emile maken we voortdurend in flashbacks uitstapjes naar het verleden. In dat opzicht is deze boeiende roman ook een mooi voorbeeld van hoe een schrijver door de gekozen structuur – in dit geval met name de wisselingen in de tijd – spanning kan creëren. Bovendien weten we dat het verhaal binnen deze ene dag zijn climax moet krijgen. Maar nu gaat het om de manier waarop Simenon de lezer voorbereidt op de dramatische gebeurtenissen die moeten volgen. Vanaf het begin bouwt hij een bepaalde verwachting op, waarbij zeer veel impliciet blijft:

> – De dag was gekomen, hij had het geweten voordat hij zijn ogen opendeed (...)
> – Ook had hij geen zin om alles terug te draaien
> – Het was de laatste dag, de zondag die hij al lang vastgelegd had, maar hij kon altijd nog terugkomen op zijn besluit, alles op zijn beloop laten zoals hij dat al bijna een jaar deed

De lezer weet dan dat Emile in bed ligt naast zijn vrouw Berthe en dat in het kamertje daarboven de wekker afgaat. In dat kamertje ligt Ada, van wie Emile 'de wat dierlijke, gekruide lucht' kent. De lezer kan vermoeden dat er iets staat te gebeuren waarbij Emile, Berthe en Ada betrokken zullen zijn, en dat het geen aanzet tot een liefdevolle ménage à trois zal worden. Er staat nog niet dat Ada de minnares van Emile is, maar dat laat zich makkelijk raden, al was het alleen maar door de genoemde 'dierlijke, gekruide lucht' (bedenk dat Simenon het niet heeft over haar 'geur', maar dat hij die op een zinnelijke manier specificeert). Bovendien mijmert Emile over het volgende in verband met de kamer waarin Ada slaapt. 'Het was een klein zolderkamertje, vlak boven zijn hoofd. Hij kende het tot in de kleinste hoekjes, het ijzeren bed en de donkerrode deken, de waskom op een driepoot van gedraaid hout, de geëmailleerde lampetkan op de grond [...].' Het is duidelijk waarom Emile dit kamertje 'tot in de kleinste hoekjes' kent. Alleen, Simenon zegt het niet.

De schrijver, die meer bewondering verdient voor zijn prachtige psychologische romans dan voor zijn Maigret-policiers, werkt professioneel aan het versterken van de suggestie. Het volledige hoofdstuk gebruikt Simenon om verder de verwachting van de lezer op te bouwen, en zo de spanning te intensiveren, bijvoorbeeld op pagina 8: 'Hij wist niet of Ada hem anders bekeek dan anders, want hij vermeed het haar aan te kijken. [...] Zij wist het. Details had hij haar niet verstrekt.' Even laat Simenon de suggestie dan voor wat zij is door een intermezzo in te bouwen. Hij vertelt over madame Lavaud, een hulp in het restaurant dat Emile samen met Berthe drijft. Er volgt een beschrijving van mevrouw Lavaud, die begint met: 'Het was een kleine, ronde en toch harde vrouw van tweeënzestig met drie of vier getrouwde kinderen ergens in Frankrijk.' Een bladzijde later pakt Simenon de eerdere suggestie weer op: 'Nu de dag was aangebroken had het geen zin alles weer op losse schroeven te zetten.' Ada is kennelijk op de hoogte:

> Hij had haar gezegd: 'Komende zondag.'
> Het was nu zondag. Ze hoefde zich nergens mee te bemoeien. Een slecht geweten hoefde ze ook niet te hebben, want al was ze betrokken bij wat er ging gebeuren, ze was er niet de voornaamste reden van.
> Ze was de aanleiding eigenlijk. Het had ook anders kunnen beginnen, met iemand anders of met niemand.

Simenon zegt het nergens, maar de lezer kan maar tot één conclusie komen, omdat de cumulatie van suggesties als een aankondiging werkt: Emile heeft het plan om op de bewuste zondag zijn vrouw Berthe te vermoorden. Dat het verhaal anders afloopt, is dan nog een extra bonus bij deze prachtige, broeierig spannende roman.

HOOFDSTUK 6

Personages en karakters

Ooit een interessant boek gelezen over volstrekt oninteressante personages? Ik kan me zo'n boek in ieder geval niet herinneren. Lezers zoeken over het algemeen betrokkenheid, ze willen tot op zekere hoogte mee kunnen leven met de belangrijkste personen in een boek. Ze hebben de behoefte zich in te kunnen leven in wat hun overkomt, samen met hen vrezen voor hun toekomst daar waar er gevaar dreigt, hopen dat er een ontsnapping mogelijk is in benarde omstandigheden. Maar ook begrip hebben voor hun vergissingen, hun blunders, zelfs hun misdaden.

Dit principe geldt in sterke mate voor boeken die spannend willen zijn, en nogmaals: dan heb ik het niet alleen over thrillers. Gebeurtenissen in een boek roepen juist spanning op als degene die iets overkomt voor de lezer een 'echt', interessant karakter is. Daarom zijn in mijn leeservaring veel traditionele, maar ook sommige moderne misdaadromans verre van spannend als de karakters vlak, tweedimensionaal zijn. De in-en-in-slechte misdadiger tegenover de goede, verantwoordelijke, vertrouwen inboezemende politieman of speurder levert voor mij geen boeiend verhaal op. Een spannend bedoelde achtervolgingsscène kan ik gapend wegleggen als ik de achtervolgde of de achtervolger alleen maar als bordkartonnen figuren zie, door de auteur bedacht om de ingenieus geconstrueerde intrige als poppen in een marionettenvoorstelling uit te voeren, omdat je als schrijver nu eenmaal personages nodig hebt. Dat het veel andere lezers worst zal wezen dat het om clichéfiguren gaat en dat ze zo'n scène met rode konen, op het puntje van hun stoel uitlezen, besef ik ten volle. Smaakverschil moet er nu eenmaal zijn, maar in mijn ogen heeft ook crime mensen van vlees en bloed nodig, misschien juist crime.

Engelands meest vooraanstaande auteur van psychologische thrillers, Ruth Rendell, heeft ooit gezegd dat bij haar de plot van het verhaal vanuit de karakters komt, en niet omgekeerd. Patricia Highsmith is daar in *Hoe schrijf ik een spannend boek* minder uitgesproken over. Bij haar begint het verhaal vaak met een bepaalde handeling, zonder bijbehorende personages. Soms kiest ze voor een personage 'met vreemde grillen', die de handeling in een bepaalde richting stuurt.

Zo ben ik weer bij Highsmith aangeland. Al enkele keren heb ik *Stille waters* gebruikt om de werking van spanningsverhogende factoren mee te illustreren. Ook als het gaat om de rol van karakters biedt deze thriller voorbeeldig materiaal. Dat ligt vooral aan de hoofdpersoon Victor Van Allen. Victor is een geliefde burger van het stadje Little Wesley, altijd attent voor anderen, eigenaar van een kleine drukkerij annex uitgeverij waarin hij met behulp van zijn familiekapitaal bijzondere boeken uitbrengt, zorgzame vader van zijn dochter Trixie. Een ideale man, zou je bijna denken, maar Highsmith nuanceert of verstoort dat beeld al vanaf het begin. In de eerste alinea's van hoofdstuk 1 beschrijft ze het uiterlijk van Victor: 'Hij had een wilskrachtige, middelgrote mond en een diepe lijn bij de rechter mondhoek, die zijn gezicht een half-vastberaden of, zo men wilde, een humoristische uitdrukking gaf. Die mond, waar ook nog een zekere verbittering uit sprak, gaf zijn gezicht iets dubbelzinnigs, want aan zijn grote, intelligente, koele blauwe ogen viel niet te zien wat hij dacht of voelde.'

Veel inwoners van Little Wesley, vrienden van het echtpaar Victor en Melinda, hebben alleen oog voor de goede kant van Victor, vooral vanwege zijn sociale hulpvaardigheid. Het volgende dialoogje komt ook uit het begin van het boek, en wordt uitgesproken tijdens een feestje, waarvan er trouwens heel wat zijn in Little Wesley (voor een schrijver altijd makkelijk om in een boek op te voeren, omdat veel van de personages daarin samenkomen).

> 'Waar had je het zo lang over met mevrouw Podnansky?' vroeg Mary toen ze waren gaan zitten.
> 'Grasmaaimachines. Die van haar moet geslepen worden, en ze vond dat Clarke het de laatste keer niet zo best had gedaan.'
> 'En toen heb jij natuurlijk aangeboden om het voor haar te doen. Ik zou niet weten wat de weduwen uit de buurt zonder jou moesten beginnen, Victor Van Allen! Ik snap niet waar je de tijd vandaan haalt voor al je goede daden!'

Ondertussen heeft Victor al aan Joel Nash, de veronderstelde minnaar van zijn tamelijk nymfomaan ingestelde vrouw Melinda, zogenaamd bekend dat hij een vorige minnaar zou hebben vermoord. Daar heeft hij dan al een fantasie over gehad (zie ook hoofdstuk 4). Kortom, wij als lezers zijn deels op de hoogte van zijn karakter met duistere hoekjes. Dat dient als brandstof om het vuurtje van de spanning op te stoken. Samen met de inwoners van Little Wesley krijgen we sympathie voor Victor, bijvoorbeeld vanwege het feit dat hij als een soort sociale werkverschaffer een ex-alcoholicus in dienst houdt op zijn uitgeverij, maar ook omdat hij als een ideale vader met zijn dochter Trixie omgaat. Highsmith zorgt ervoor dat regelmatig in het verhaal Victor weer iets positiefs doet.

Zelf heb ik nog wel eens de neiging om in mijn boeken de hoofdpersoon (die vaak een misdaad pleegt) te negatief af te schilderen. Toen ik de eerste versie van *Zinloos geweld* aan een goede vriend liet lezen, was dat zijn belangrijkste commentaar. Vervolgens heb ik een paar eigenschappen of handelingen ingevoegd om de balans iets meer in de positieve richting te trekken. Zo zorgde ik ervoor dat Martin Hogeveen – als alleenwonende man – een poes krijgt, en het eerste wat hij doet als hij aan het eind van de werkdag thuiskomt, is die poes eten geven. Hij haalt enkele boodschappen voor een buurman met een gebroken been in het gips (wat later nog een rol in de ontwikkeling van de plot speelt). Hij koopt taart voor al zijn medewerkers na een gelukt project. Ik had dat al eerder kunnen bedenken als ik me een aantal opmerkingen van Highsmith in *Hoe schrijf ik een spannend boek* goed voor ogen had gehouden. Haar advies luidt als volgt: 'Bedeel de moordenaar met zo veel mogelijk aantrekkelijke kwaliteiten – gulheid, vriendelijk gedrag jegens een stuk of wat mensen, een voorliefde voor schilderen of muziek of koken, bijvoorbeeld.' Highsmith, die zelf volgens veel interviewers een nogal kille en afstandelijke indruk maakt en weinig lijkt op te hebben met haar medemensen, voegt daar nog een andere raadgeving aan toe: de schrijver moet zelf hart hebben voor zijn personages, en moet bij voorkeur een 'soort affectie' voelen. Affectie voor Victor Van Allen lijkt mij moeilijk, maar voor iemand als Highsmith waarschijnlijk niet onmogelijk.

Terug naar *Stille waters*. Zoals gezegd, de andere, donkere kant van Victors karakter komt al snel naar boven. Ondanks het feit dat Melinda hem voortdurend op de proef stelt met haar scandaleuze gedrag, blijft hij haar vriendelijk en liefdevol bejegenen, tenminste in de ogen van hun vrienden. De lezer weet eigenlijk al beter sinds de eerste alinea van het boek:

> Vic danste niet, maar hij had hiervoor een andere reden dan de meeste mannen die niet dansen. Hij danste niet omdat zijn vrouw van dansen hield. De rationele verklaring die hij voor zijn gedrag had bedacht en die zich iedere keer dat hij Melinda zag dansen aan hem opdrong, stoelde nergens op en hij geloofde er zelf dan ook geen moment in: hij vond dat ze zich hopeloos aanstelde wanneer ze danste. Ze maakte van dansen iets waarvoor je je moest schamen.

Ongeveer halverwege het verhaal koopt Victor een cadeau voor Melinda's verjaardag, waar ze hem zeer dankbaar voor is. Als Victor dan naar bed gaat, in zijn eigen in de garage gebouwde slaapvertrek, komt 'langzaam en zonder dat hij het zelf wilde zijn haat voor Melinda naar boven; een spookachtig gevoel van haat dat als een worstelaar (probeert) om zijn tegenstander in zijn greep te krijgen.'

Verder zou je Victor *creepy* kunnen noemen, al was het alleen maar om zijn hobby's: het kweken van slakken en wandluizen. Hij heeft ongeveer duizend slakken, driekwart daarvan zijn nakomelingen van twee slakken, door Victor Edgar en Hortense genoemd. Vaak observeert hij hun 'liefdesspel', terwijl hijzelf seks lijkt te hebben afgezworen. Over de wandluizen zegt hij het volgende tegen een vrouw die vraagt naar een wondje op zijn hand. 'Zo af en toe mogen ze me bijten, omdat ik wil dat hun levenscyclus zo normaal mogelijk is.'

De zwartste kant van Victors psyche betreft zijn gewetenloosheid, die schril contrasteert met het keurige gedrag aan de oppervlakte van zijn sociale bestaan. De spanning tussen het ene en het andere deel van zijn persoonlijkheid bepaalt juist in belangrijke mate de spanning in het verhaal. Na de moord op Melinda's minnaar schrijft Highsmith dan ook: 'Vics geweten liet hem met rust.' Vlak daarvoor beschouwt hij de moord al als Melinda's 'verdiende loon'. Ze doet hysterisch, beschuldigt Victor, maar die schuift in feite de schuld naar haar. Aan het eind van het boek, nadat hij maar liefst drie moorden heeft gepleegd, wordt Victor weggevoerd door de politie. 'Zijn tred kreeg iets veerkrachtigs (het leek of ze nooit bij de politieauto aan het eind van de oprit zouden komen), hij begon zich vrij en opgewekt te voelen en hij wist dat hij nergens schuld aan had.'

Het is duidelijk dat er geen perfect evenwicht hoeft te zijn tussen positieve en negatieve kanten van een karakter. Uiteindelijk is Victor Van Allen een absoluut amorele hoofdfiguur met enkele goede eigenschappen waarmee hij vooral zijn omgeving zand in de ogen strooit. Het belangrijkste is dat hij als personage interessant is, en dat de lezer daarom 'met hem meegaat'. In een kort verhaal heeft een schrijver uiteraard veel minder mogelijkheden om een karakter diepgang te geven. In zo'n kort verhaal zal de spanning daarom ook in veel mindere mate afhangen van de vraag of de personages interessant zijn, en veel meer van het verhaalverloop.

Een geheel ander type boek dan *Stille waters* is *De vrouw die tegen de deur aan liep* van Roddy Doyle, waar ik in hoofdstuk 2 over Structuur en Scènes al uitgebreid op inging. In dat boek hangt de beklemmende spanning sterk samen met het karakter van hoofdpersoon Paula Spencer, vooral vanwege de ambivalentie daarvan. Enerzijds is ze alcoholiste, af en toe een slechte moeder, slachtoffer van haar gewelddadige, criminele man Charlo, maar aan de andere kant toont ze zich bij vlagen levendig, sterk en zelfbewust met een inspirerende *lower class* allure en levensdrift.

Haar ambivalentie zet zich door in haar houding tegenover Charlo, de man die niet deugt, de man met de mooie praatjes, de man die haar in de ellende stort. Iets voor de helft van de roman, als de lezer al lang op de hoogte is van de onbetrouwbaarheid en de schofterigheid van de inmiddels dode Charlo, staat er:

> Ik denk nog vaak aan Charlo.
> Ik mis hem.
> Ik wou dat hij terugkwam.

Iets verder in haar monoloog zegt Paula het volgende over haar seksuele relatie met Charlo:

> Ik stortte me op hem. Ik deed het. Ik neukte hem, ik neukte hem. Hij had niets in te brengen. Ik deed het allemaal. Ik lachte. Ik sloeg hem. Ik ging bijna van mijn stokkie. Als ik uitgeput was, en drijfnat van het zweet op het bed of op de grond lag, als ik tot mezelf was gekomen, dan hield ik van hem. Mijn Charlo.

Als Charlo Paula troost nadat hij haar in elkaar heeft geslagen, voelt ze nog altijd haar liefde voor hem. Jarenlang kleineert ze zichzelf omdat ze hem nodig denkt te hebben, omdat ze zonder hem zoekende is naar een eigen identiteit: 'Ik was pas iemand als hij binnenkwam,' overweegt Paula. 'Omdat hij naar me keek. Omdat hij naar me glimlachte. Omdat hij me sloeg.' Je zou het karakter van Paula dubbelhartig kunnen noemen, maar misschien is 'troebel' een betere aanduiding, of 'masochistisch'. In de loop van het boek blijkt wel dat ze na de dood van Charlo haar eigen leven vorm weet te geven. Haar afhankelijkheid van macho-man Charlo vertekende haar zelfbeeld, maakte haar zwak en deed haar steeds vaker naar de fles grijpen.

Hoe de mentale conditie van Paula ook wordt beschreven of verklaard, één ding is zeker: haar tweeslachtigheid geeft het verhaal over haar en Charlo juist een bijzondere spanning. Het is een kleine uitdaging om na te denken over min of meer hetzelfde verhaalverloop met een andere invulling van het karakter van de hoofdpersoon. Stel dat Paula alleen maar slachtoffer was geweest, als ze niet een diepe, maar bijna verstikte liefde voor Charlo voelde, was *De vrouw die...* dan ook een spannend boek geworden? Voor mij waarschijnlijk niet.

In veel misdaadromans – ik suggereerde dat hierboven al – zijn de personages vaak te eenduidig. Dan moet het verhaal het vooral hebben van het contrast of de botsing tussen die karakters. Daar moeten dan de vonken vanaf vliegen, vonken van spanning. Typerend is *De schreeuw van het lam*. De in een inrichting voor gestoorde criminelen opgesloten kannibalistische seriemoordenaar Hannibal Lecter is de vleesgeworden onmens. Het hoofd van de inrichting noemt hem 'een echte sociopaat'. Deze Lecter kan mogelijk relevante gegevens verschaffen over een andere gevaarlijke seriemoordenaar die de FBI hoopt te arresteren voordat hij zijn volgende slachtoffer maakt. En wat doet de FBI dan? Stuurt die een ervaren, mannelijke, krachtige agent op Lecter af? Een door de wol geverfde bullebak? Nee, Clarice Starling, een FBI-agente in opleiding, jong en knap krijgt die taak. 'Een jonge vrouw om hem "een kick" te geven,' veronderstelt de gevangenisdirecteur. Maar het gaat niet alleen om de kick van Lecter, schrijver Thomas Harris wil vooral de lezer een kick geven. Het is King Kong tegenover zijn vrouwelijke prooi, *the beauty and the beast*.

Geheel afgezien van de enorme stijlverschillen, de literaire waarde en het soort verhaal dat er wordt verteld, is *De avonden* van Gerard Reve enigszins vergelijkbaar met *De schreeuw van het lam*, met name waar het gaat om karaktertegenstellingen. Hierbij doel ik op Frits van Egters tegenover zijn omgeving. Frits is zonder meer pesterig, malicieus en vals. Aan hem kan je ook goed zien dat een karakter niet per se een aardige mix van positieve en negatieve elementen hoeft te zijn. Het gaat eerder om de vraag of zijn personage interessant en het liefst intrigerend is. En dat is Frits van Egters zeker. Hij daagt uit en provoceert. Dat komt bijvoorbeeld tot uiting in de manier waarop hij het tegenover zijn broer Joop telkens weer heeft over diens wijkende haarlijn. De terugkerende, hatelijke, zuigende opmerkingen van Frits lijken Joop niet te deren. Toch verwacht de lezer voortdurend een uitbarsting, een gewelddadige ruzie. Het moet wel tot een climax komen, en de dreiging daarvan roept spanning op (zie ook hoofdstuk 3).

De ingehouden, nauwelijks gecontroleerde agressie van Frits versterkt die spanning. In een gesprek met Viktor vertelt Frits dat hij zich verschrikkelijk ergert aan zijn ouders, bijvoorbeeld aan het feit dat zijn vader met zijn eigen dessertlepel ('die is dan nog ongebruikt en schoon, toegegeven') suiker uit de suikerpot schept, terwijl er een lepeltje in de suikerpot staat, waar Frits en zijn moeder gebruik van maken. Dan reageert Frits als volgt op een sussende opmerking van Viktor ('Ik vind je ouders erg aardig.').

> 'Maar alles komt,' zei Frits, 'een groots demonisch schouwspel. Ik wou dat ik het kon aanwakkeren, kon aanblazen. Les in het messteken. Als het zo ver komen moet, dan gauw.'

Na een triviale vraag van Frits aan Viktor of hij het druk heeft, en de reactie van Viktor, voegt Frits het volgende toe.

> 'Toch hoop ik nog,' zei Frits zijn stoel dichterbij schuivend en zich voorover buigend, 'dat ik eens thuis kom en dat hij keurig, als een nette bonk vlees, in de deuropening hangt. Tussen de suitekamers. Daar kun je ook gemakkelijk haken indraaien voor gymnastiekringen. God geve het. Wat een wereld.'

In een gesprek met de criminele Maurits vertelt die dat hij graag jongetjes in het bos zou wurgen, wat Frits weinig oorspronkelijk vindt en 'bovendien pervers'. Dan vraagt Frits aan Maurits hoe hij staat 'tegenover het schroeien van het lichaam met een gloeiende sigaret' of dat hij misschien meer voor het mes voelt. Vervolgens gaan Maurits en Frits naar de kamer van de eerste, waar ze een gezamenlijke fantasie construeren van de marteling van een voormalige klasgenoot. Frits vraagt of Maurits de jongen aan het eind van de marteling dood zou maken. 'Eerst ranselen,' zegt Maurits. 'Een paar uur achter elkaar. Met bijkomen. En dan wurgen. Met de handen.'

Het lijkt een wonder dat er in *De avonden* geen slachtoffers vallen, maar de continue dreiging dat dit staat te gebeuren, geeft het boek een beklemmende spanning.

Hoofdpersonen hebben lang niet altijd vanaf het eerste hoofdstuk een 'vreemd' karakter, zoals Victor Van Allen. Hank Mitchell in *Een simpel plan* van de Amerikaanse thrillerauteur Scott Smith is aan het begin van het verhaal een keurige, oppassende burger, die met een bescheiden baantje als administrateur in een bedrijfje voor landbouwartikelen het brood verdient voor hem en zijn zwangere vrouw Sarah. Samen met zijn zwakbegaafde broer Jacob en diens vriend Lou vindt hij in een neergestort vliegtuigje bijna viereneenhalf miljoen dollar. De vraag is wat ze met dat geld moeten doen. Onder elkaar verdelen, vinden Jacob en Lou. Hank twijfelt, maar ook hij ziet een onbezorgde financiële toekomst voor hem en zijn gezin steeds helderder voor zich.

Een simpel plan is een huiveringwekkend verhaal over hebzucht. De lezer beleeft mee hoe Hank en zijn vrouw in de greep komen van die hebzucht, vooral omdat het verhaal in de ik-vorm vanuit Hank wordt verteld. 'Ik besefte dat ik het geld wilde hebben,' denkt Hank, 'en dat ik er bijna alles voor zou doen om het te houden.' 'Bijna alles': dat werkt als een voorspelling over alle verschrikkelijke gebeurtenissen die nog moeten komen.

Hank bewaart het geld in afwachting van eventuele 'belangstelling' van de politie en informatie over de herkomst. Lou komt op een gegeven moment een deel opeisen, omdat hij zijn speelschulden moet afbetalen. En dan wordt de lezer nog sterker geconfronteerd met een opvallende karakterverandering van de goedmoedige Hank: 'Ik schonk hem een koude blik. Ik werd overmand door een wanhopige wens hem pijn te doen. Ik wilde met mijn vuist uithalen en zijn ongelijke tanden in zijn strot rammen. Ik wilde zijn nek breken.' De lezer voelt dan al aankomen dat de wens niet alleen de vader is van de gedachte, maar ook de eerste aanzet voor moorddadige handelingen door Hank. Het is of die miljoenen dollars een paar draadjes in zijn hersens hebben verlegd. Om zich te redden, voelt hij zich bijna aan het eind van het boek genoodzaakt om een man te vermoorden, maar er is meer dan noodzaak, er is vooral ook de inwendige drang om dit te doen:

> En toen ik me wegduwde van de koelkast, was dat wat ik dacht te gaan doen – ik dacht dat ik zou gaan rennen. Maar ik deed het niet. In plaats daarvan, zonder dat van plan te zijn, merkte ik dat ik naar hem toe stapte. Mijn handen pakten de machete beet als een honkbalknuppel. Ik tilde hem boven mijn hoofd, mijn ogen gericht op zijn nek. Toen sloeg ik er met al mijn kracht mee naar beneden.
>
> Pas toen ik het deed, pas toen ik het blad door de lucht boven

me hoorde zwiepen, besefte ik dat ik er al die tijd hevig naar had verlangd.

Het Kwaad heeft zich genesteld in het hoofd van Hank Mitchell. De lezer volgt dit, en kan – ondanks alles – toch een zekere sympathie voor hem blijven voelen, misschien omdat die lezer de ontluikende agressie ook bij zichzelf herkent. Dat maakt het verhaal niet alleen gruwelijk, maar ook gruwelijk spannend.

HOOFDSTUK 7

Conflicten en complicaties

In mijn boek *Tegenliggers* is de hoofdpersoon Martin van Leeuwen getrouwd met Lenie. Ze hebben twee kinderen. Martin heeft niet in de gaten dat Lenie het huwelijk als verstikkend ervaart. Met medeneming van de kinderen slaat ze de deur van de echtelijke woning voorgoed achter zich dicht, tot immense frustratie van Martin. Het boek neemt dus als vertrekpunt de huwelijksproblemen van Martin en Lenie. Hun conflict wordt niet opgelost, maar veel eerder verergerd door vooral het gedrag van Martin. Die wil Lenie koste wat kost terughalen, maar dat doet hij op een zodanige manier dat het conflict hem wel te gronde móét richten.

In de alledaagse werkelijkheid worden conflicten vaak opgelost, maar in de meeste boeken niet. Als dat wel gebeurde, dan was er geen verhaal, zeker geen spannend verhaal. In boeken worden de conflicten juist groter, en vaak zo groot dat mensen eraan onderdoor gaan. Het levert een 'van kwaad tot erger'-scenario op, dat bijdraagt aan de spanning. De lezer wil, nee, moet weten hoe de onvermijdelijke neergang zich voltrekt, of er toch nog een ontsnapping mogelijk is. Boeken in de sfeer van de triviaalliteratuur (plattelands- of familieromans) kennen ook meestal een conflict als aanjager van het verhaal. Om een clichévoorbeeld te geven: zoon van rijke boer mag niet trouwen met dochter van arme weduwe, die mede door haar enigszins losbandige levenswandel slecht bekendstaat in het dorp. Ook voor een lezer die op basis van eerdere leeservaringen vrijwel zeker weet dat aan het eind alles weer goed komt, en dat het conflict dus wordt opgelost, kan zo'n verhaal toch spannend zijn. Het gaat dan om de vraag hoe dat happy end wordt bereikt.

Conflicten brengen op zich geen spanning met zich mee. Natuurlijk is het belangrijk om als uitgangspunt voor een boek 'een conflict met potentie' te kiezen, maar de manier waarop een conflict wordt uitgewerkt, de personages die met het conflict worden opgezadeld, de setting waarin het conflict zich afspeelt, de manier (de stijl) waarmee erover wordt geschreven, leggen veel meer gewicht in de schaal.

In veel thrillers loopt de lijn van het conflict naar de ontknoping. In literaire romans ligt dat vaak anders, omdat er geen sprake is van zoiets als een ontknoping. Volgens Thomas Rosenboom in zijn beschouwing over het schrijven van romans, *Aanvallend spel*, is het wel belangrijk om als hoofdpersoon een 'strevend personage' op te voeren dat in een conflictueuze situatie terechtkomt. Die hoofdpersoon gaat dan juist een stap te ver in het oplossen van zijn probleem, waardoor dat uiteraard weer groter wordt en hem boven het hoofd groeit.

In veel literaire romans gaat het om het langzaam blootleggen van een conflict, en om het laten zien welke invloed het heeft op de levens van mensen. In *De avonden* van Gerard Reve (zie ook het vorige hoofdstuk) is het conflict tussen Frits van Egters en zijn omgeving, vooral zijn ouders, in belangrijke mate de drager van het verhaal. Het onderdrukken van dit conflict, en juist níét de uitwerking ervan zorgt voor een beklemmende spanning. *Het kind in de tijd* van Ian McEwan gaat over een echtpaar, Stephen en Julie, die een traumatiserende gebeurtenis moeten verwerken: hun dochtertje Kate 'verdwijnt' als Stephen boodschappen met haar doet in de supermarkt. Waarschijnlijk is ze gekidnapt, maar door wie en waarom? Het brengt Stephen en Julie niet bij elkaar, maar leidt tot een verwijdering, een diep ingrijpend conflict. Ook dat conflict legt de basis voor de roman.

In *Gloed* van Sándor Márai (zie ook hoofdstuk 3) ontvangt de bejaarde generaal Henrik zijn oude, voormalige vriend Konrád.

Eenenveertig jaar na hun laatste ontmoeting komt Konrád op bezoek op het landgoed van de generaal. Geleidelijk aan gaat de lezer begrijpen welk conflict er tussen de twee mannen speelt: Konrád had een verhouding met Krisztina, de vrouw van Henrik. Tijdens een gezamenlijke jachtpartij heeft Konrád op het punt gestaan om Henrik dood te schieten bij een zogenaamd jachtongeluk. Henrik vindt bewijzen van de relatie tussen zijn vrouw en zijn vriend, waarna zijn huwelijk met Krisztina kapot is. Henrik probeert aan Konrád duidelijk te maken wat dit voor hem heeft betekend:

> En als we geen vrienden waren, zou je niet na eenenveertig jaar teruggekomen zijn, alweer als een moordenaar en misdadiger die terugsluipt naar de plaats van de misdaad. Want je moest terugkomen, zie je. En ik moet jou zeggen waar ik heel langzaam achter gekomen ben, ik wilde het niet geloven, ik ontkende het voor mezelf; ik moet je deze angstaanjagende en verrassende ontdekking vertellen: we zijn nog steeds vrienden, ook nu nog. Kennelijk kunnen menselijke reacties door geen enkele kracht van buiten veranderd worden. Jij hebt iets in mij gedood, mijn leven kapotgemaakt, en ik ben nog steeds je vriend. En ik ga vanavond iets in jou doden, en laat jou teruggaan naar Londen of de tropen of de hel en je zult altijd mijn vriend blijven.

Het draait in *Gloed* om een fundamenteel conflict, waarvan de lezer stukje bij beetje de contouren gaat zien in de confrontatie tussen Henrik en Konrád. Die confrontatie vindt plaats binnen één etmaal, en het is vanaf het begin duidelijk dat de afronding in zo'n korte tijdsspanne extra spanning met zich meebrengt. De langzame, maar zekere 'onthulling', en dan vooral de manier waarop Márai die uitvoert, maakt van het boek een formidabele pageturner, hoewel het verder in niets op een thriller lijkt.

Hoewel dat voor *Gloed* nauwelijks geldt, is het voor veel spannende boeken wel mogelijk om een globale drietrapsstructuur op te stellen. Bedenk dat zo'n structuur alleen een grove indeling geeft en veel minder fijnmazig en gedetailleerd is dan de structuuraspecten die in hoofdstuk 2 aan de orde kwamen. De drie trappen zijn: Conflict, Complicatie en Climax (of: Conclusie). In *Het geheim van de schrijver* bespreekt Renate Dorrestein ook zo'n driedeling, maar dan in een andere terminologie: '1. expositie, 2. obstakels en 3. ontknoping.' Bij haar lijken de obstakels vooral betrekking te hebben op het probleem of het conflict dat in het eerste deel is geschetst. Dat is in overeenstemming met de benadering die veel wordt beschreven in theorieën over de structuur van een filmscenario. *Het geheim van Hollywood* van Paul Ruven en Marian Batavier gaat over 'de gouden succesformule voor schrijvers, acteurs, regisseurs en andere filmliefhebbers'. Beginpunt van die gouden succesformule (als die inderdaad bestaat, vraag je je af waarom er nog zoveel afzichtelijke pulp wordt gemaakt) is de Held met een Probleem. In een aantal Stappen met een aantal Plannen probeert de Held dat Probleem op te lossen, of in termen van Dorrestein de obstakels te overwinnen. Pas bij Plan 5 lukt dat, en dat vormt dan tegelijk de ontknoping.

Complicaties zijn te beschouwen als subplots: extra verwikkelingen die als het ware vanaf de buitenkant het verhaal binnendringen. In *Tegenliggers* doen zich onder meer de volgende complicaties voor:

– Martin gedraagt zich weerbarstig tegen Lenie (gekwetste trots!). Hij houdt de kinderen ook langer bij zich dan afgesproken, waardoor Lenie hem nog minder vertrouwt.
– Lenie is met haar kinderen bij een vriendin ingetrokken, die Martin als de kwade genius beschouwt. Bovendien vermoedt hij dat de twee vrouwen een lesbische relatie hebben.
– Martin is eigenaar/enige werknemer van een autorijschool. Hij geeft onder meer les aan een vrouw met huwelijksproblemen, die juist steun zoekt bij Martin aan wie ze tijdens haar rijlessen

over die problemen vertelt. De echtgenoot van de vrouw zoekt de confrontatie met Martin.

– In de wijk waar Martin woont (en waar zijn meeste klanten ook woonachtig zijn) vestigt zich een nieuwe rijschool. Die probeert Martin weg te concurreren. Op zijn beurt doet Martin weer pogingen om zijn concurrent uit te schakelen (met hardhandige middelen).

Het kan aanlokkelijk zijn om een verhaal op te sieren met enkele interessante of grappige complicaties, maar die moeten dan wel met het conflict te maken hebben waar het in principe om draait. Ze hebben vooral tot taak om het conflict dieper en onvermijdelijk te maken. Het mag nooit alleen maar decoratie zijn, waarvan de schrijver vooral vindt dat hij het zo leuk heeft bedacht. Dorrestein zegt het als volgt. 'Op zichzelf zijn subplots nuttige en vlijtige wezentjes. Ze maken nieuwe wendingen mogelijk, ze nuanceren het verhaal of plaatsen het in een ruimer kader, ze illustreren aspecten die anders onbelicht zouden zijn gebleven. [...] Goede subplots zijn onontbeerlijk voor de voortgang. Zo niet, dan gaan ze met het verhaal aan de haal.'

Het effect van de complicerende gebeurtenissen in *Tegenliggers* is drieledig: 1) Het huwelijksconflict wordt steeds uitzichtlozer, 2) De psychische problemen van Martin worden groter en groter, zodat zijn kijk op de werkelijkheid steeds meer vertroebeld raakt, 3) De lezer krijgt toch met hem te doen, omdat de hele wereld zich tegen hem lijkt te keren; weliswaar grotendeels door eigen schuld, maar toch. Dergelijke complicaties moeten ook zorgen voor toename van de spanning in het boek, al was het alleen maar door het derde effect, dat de betrokkenheid van de lezer bij 'brokkenpiloot' Martin laat groeien. Subplots die geen functie hebben in verband met het voortwoekerende conflict zijn dodelijk voor de spanning.

Voor korte verhalen gelden overigens andere principes dan voor romans. In een kort verhaal moet een schrijver complicaties juist vermijden. Er wordt een conflictueuze situatie getekend, en die loopt uit op een climax, een oplossing of een ontknoping. In zo'n kort verhaal moet dat tamelijk rechttoe, rechtaan gebeuren. Het gaat daar om het 'kale' conflict en de manier waarop de personages daarmee omgaan.

Een complicatie of subplot kan zo groot zijn dat er in feite sprake is van een 'tweede conflict', dat tegelijkertijd de tweede plotlijn in een roman vormt. In mijn boek *Zinloos geweld* gaat het basisconflict over een man, Martin Hogeveen (kennelijk heb ik een voorkeur voor de voornaam Martin), die geconfronteerd wordt met een jongeman die hem lastigvalt, achtervolgt enzovoort. De lezer weet dat die jongeman zijn (biologische) zoon is, terwijl hijzelf niet op de hoogte is van het feit dat hij een zoon heeft. Er ontstaat een conflict tussen de twee, dat uitloopt op een moord. Het tweede conflict komt voort uit Hogeveens werk. Hij is namelijk organisatieadviseur en hij heeft een gemeentelijke dienst doorgelicht, met als conclusie onder meer dat het hoofd van de dienst, Verlinden, op een zijspoor moet worden gezet. Verlinden accepteert dat niet. Er is dus sprake van een conflict in het persoonlijk leven van Hogeveen (relatie met zoon) en in het zakelijk leven (weerstand van Verlinden). Na de moord raken die twee lijnen elkaar, en versterken ze elkaar ook, wat de spanning verhoogt.

Een simpel plan van Scott Smith (zie ook het vorige hoofdstuk) is bijzonder geschikt om de werking van complicaties verder mee te demonstreren, juist omdat het verhaal perfect in het 'van kwaad tot erger'-stramien past. Het basisconflict is na zo'n twintig bladzijden gegeven als de drie mannen het door hen gevonden geld globaal hebben geteld:

> 'Ik neem aan dat jij het aan wilt geven?' zei Lou.
> Ik keek hem geschrokken aan. Tot op dat moment had ik zelfs niet gedacht dat we een keus hadden. 'Wil je het houden?'

Het conflict kan ook in termen van een dilemma worden geformuleerd: het geld houden of naar de politie gaan. Ze houden het geld. Hank heeft een 'oplossing' bedacht, waarvan elke lezer op zijn klompen aanvoelt dat het geen definitieve oplossing kan zijn, zodat het conflict blijft voortwoekeren. Hank neemt het geld mee naar huis. Het neergestorte vliegtuigje ligt in een dik besneeuwd natuurgebied. Als het na de winter wordt ontdekt, en niemand begint over het geld, ook de politie niet, dan kunnen ze het verdelen. Het kan immers alleen maar crimineel geld zijn, hebben ze bedacht, dus echt schuldig hoeven ze zich niet te voelen. Als het geld wel ter sprake komt en er wordt naar gezocht, zal Hank het verbranden.

En dan komen de onvermijdelijke complicaties. Eerst gaat Hank met Jacob terug naar de plek waar ze het vliegtuigje hebben gevonden. Daar verschijnt een man, die door Hank wordt vermoord. Hank krijgt ruzie met zijn vrouw Sarah over het geld. De drie mannen hadden afgesproken dat ze niemand iets zouden zeggen over hun bijzondere vondst, maar de onbetrouwbare, louche Lou heeft het wel aan zijn vriendin Nancy verteld. Jacob wil al over zijn deel van het geld beschikken omdat hij de oude boerderij van zijn (en Hanks) ouders terug wil kopen. Een heilloos plan, en ook onuitvoerbaar, want iedereen zou zich afvragen hoe Jacob aan zoveel geld kwam. Vervolgens maakt Lou gokschulden en eist hij geld van Hank. Die weigert, maar Lou weet via Jacob van de door Hank gepleegde moord en dreigt informatie aan de politie te geven. Zo gaat het maar verder en verder. Alle complicaties, die de hoofdlijn van het verhaal versterken, drijven Hank verder op het pad waarvan we aanvoelen dat het naar de ondergang moet leiden. En ook dat betekent: spanning.

HOOFDSTUK 8

Mysteries, raadsels en vragen

Vlak voordat de generaal in *Gloed* van Sándor Márai zijn gast ontvangt (zie ook hoofdstuk 7), loopt hij door de gang, waar veel schilderijen hangen met onder meer portretten van familieleden. Na de korte beschrijving van een portret van de moeder van de generaal volgt de onderstaande passage:

> Daarna volgde een lege plek van een vierkante meter op de muur tussen de portretten. De witte ondergrond was omrand door een lichtgrijze streep, die aangaf dat hier ook ooit een schilderij had gehangen. De generaal liep met onbewogen gezicht voorbij het lege vierkant. Hierna kwamen de landschappen.
>
> Aan het eind van de gang stond de min in een zwarte jurk en met een gloednieuw, gesteven witte kap op haar kleine, vogelachtige hoofd.
>
> 'Kijk je naar de schilderijen?' zei ze.
>
> 'Ja.'
>
> 'Wil je soms dat het portret teruggehangen wordt?' vroeg ze en ze wees kalm, met de directheid van oude mensen, naar de muur. Ze wees naar de plek van het ontbrekende schilderij.
>
> 'Heb je het nog?' vroeg de generaal.
>
> De min gebaarde dat ze het schilderij nog had.
>
> 'Nee,' zei hij na een korte pauze. Daarna, zachter: 'Ik wist niet dat je het nog had. Ik dacht dat je het verbrand zou hebben.'
>
> 'Het heeft geen enkele zin,' zei de min met scherpe, dunne stem, 'om schilderijen te verbranden.'

'Nee,' zei de generaal op een intieme manier, zoals men alleen met de min spreekt. 'Dat maakt niets uit.'

Het vorige hoofdstuk handelde over conflicten die spanning met zich meebrengen, en daarin ging het ook over *Gloed*. Maar aan een conflict ligt vaak een mysterie ten grondslag, zoals ook in het boek van Márai. Zoals ik in hoofdstuk 1 al stelde, zijn er in principe twee vragen die de schrijver impliceert en die de lezer zich al of niet bewust ook stelt:

– Wat is er gebeurd?
– Wat gaat er gebeuren?

In het geval van *Gloed* zijn beide vragen relevant. De passage over het weggehaalde schilderij suggereert dat er iets heftigs moet zijn voorgevallen waarbij de geportretteerde persoon betrokken was. De generaal wil hem of haar kennelijk niet meer zien, maar verbranding van het schilderij is ook in zijn ogen overbodig, omdat daarmee de betreffende gebeurtenis niet uit zijn geheugen en uit zijn leven zou worden gewist: 'Dat maakt niets uit.'

Vanaf het begin van het verhaal bouwt Márai aan het mysterie van wat er heeft plaatsgevonden: '"Eenenveertig jaar," zei hij uiteindelijk met schorre stem. "En drieënveertig dagen. Zo lang heeft het geduurd."' De schorre stem is veelbetekenend voor de emoties die de generaal voelt; het moet dus een zeer emotionerende gebeurtenis zijn geweest. Hij weet ook op de dag af hoe lang het geleden is dat 'het' is gebeurd. Maar wat? Een bladzijde later staat er: '"Hij is dus teruggekomen," zei hij nu hardop, midden in de kamer. "Eenenveertig jaar en drieënveertig dagen."' Kortom, de sluier wordt voor een deel opgelicht: de gast was kennelijk nauw betrokken bij wat zich heeft voorgedaan. Enkele bladzijden later staat bijvoorbeeld dat de min Nini 'alles' nog wist. Alles? Hoezo alles?

Wanneer het mysterie stukje bij beetje verder wordt ingevuld, dringt de tweede vraag zich steeds meer naar voren, omdat duidelijk is dat de gast een belangrijke rol speelde in dat mysterie: wat gaat er verder gebeuren tussen de generaal en zijn gast, hoe moet deze confrontatie aflopen? Door het toenemende belang van die tweede vraag blijft de spanning gehandhaafd.

In hoofdstuk 4 had ik het er al over dat voor een lezer een boek vaak spannend is omdat die lezer meer weet dan de personages. Aan de hand van *Gloed* valt goed te demonstreren dat het omgekeerde ook het geval kan zijn: de personages weten meer dan de lezer, en die lezer wordt gedreven om door te lezen vanwege het geheim dat de personages bij zich dragen. Het 'mysterie' is dan geen mysterie voor de personages, maar wel voor de lezer. In misdaadromans wordt vaak gebruikgemaakt van dit principe. Dan staat er bijvoorbeeld over een advocaat: 'Hij nam het dossier door van begin tot eind, en toen begreep hij hoe de zaak in elkaar zat.' Lezers worden geacht om door te lezen; die moeten immers ook willen weten hoe de zaak in elkaar zit. Of er staat iets als: 'Ze bedachten een plan om aan deze ongewenste situatie een eind te maken.' Maar wat het plan of de situatie inhoudt, wordt er niet bij verteld. In *Moordzomer* hanteert Sébastian Japrisot hetzelfde principe: 'Ik vroeg haar wat ze die dag wilde gaan doen. Het was die *bewuste* [cursivering van mij, RA] woensdag.'

In mijn boek *Geweten* (zie ook hoofdstuk 2) gaat Peter van Galen veertig jaar nadat zich iets verschrikkelijks heeft voorgedaan in een stadje aan het IJsselmeer op zoek naar de Waarheid. Hij is voor een deel op de hoogte van de gebeurtenissen, alhoewel er ook nog enkele 'gaten' in zijn geheugen zitten, met name wat betreft zijn eigen betrokkenheid. Stukje bij beetje worden de contouren van het mysterie duidelijk. Aanvankelijk nog in algemene termen, zoals de volgende zinnen illustreren: 'Vanuit de Veepoort konden we de bunker zien liggen. Maar ik had haar niets verteld over dat onwrikbare betonnen bouwwerk, en zeker niet over alles wat daar had plaatsgevonden.' Vlak daarboven gaat het over de vuurtoren (die later in het verhaal een belangrijke rol blijkt te spelen): 'Ze vroeg maar door terwijl ik zo snel mogelijk weg wilde, ver bij die vuurtoren vandaan. Hoewel het onzinnig was, keek ik zelfs naar de basaltblokken of daar sporen te zien waren.' Sporen waarvan? Peter van Galen weet het natuurlijk wel, maar de lezer dient zich dat ook af te vragen.

Personages die destijds bij de nu nog raadselachtige gebeurtenissen betrokken waren, praten er ook met elkaar over, maar wel in bedekte termen, omdat de lezer immers nieuwsgierig moet blijven: 'Weet je, het gaat nooit meer over. Je draagt het altijd met je mee.' Weer dat onpersoonlijke woordje 'het', dat Márai ook gebruikte om in het algemeen te verwijzen naar een gebeurtenis of een reeks van gebeurtenissen die de kern van het mysterie vormt. Dergelijke verwijswoordjes met onduidelijke inhoud kan een schrijver handig inzetten om dit effect te bewerkstelligen. Daarvoor is 'er' ook heel geschikt. Een bladzijde na het vorige citaat zegt Henk, een voormalige vriend van Peter, bijvoorbeeld: 'De eerste... pakweg tien jaar was ze er helemaal kapot van.' Verderop in het verhaal komen 'het' en 'er' in deze functie zelfs vlak na elkaar voor: 'Ik wist nog dat het niet eens op de voorpagina had gestaan. De krant leek er met gezonde tegenzin over te berichten, beide keren.'

De informatie kan explicieter zijn, zoals blijkt uit iets anders wat Henk veronderstelt over zijn zus, die op een of andere – voor de lezer nog altijd onbekende – wijze bij de gebeurtenissen betrokken was: 'Het was of ze alle schuld op zich wou nemen, terwijl we allemaal schuldig waren. Toch? De een niet meer of minder dan de ander.' De grote vraag blijft natuurlijk waar ze schuldig aan zijn. En wie zijn die 'allemaal'? Wat is er gebeurd? Wat hebben ze gedaan?

Naast de ontraadseling van het mysterie worden de volgende vragen steeds relevanter: hoe zal Peter omgaan met wat hem duidelijk wordt over het verleden? Welke loop neemt zijn leven nu hij bezig is uit te zoeken wat zijn eigen rol was in het gewelddadige drama dat zich bijna veertig jaar geleden in het stille provinciestadje onder een groepje middelbare scholieren heeft afgespeeld? Hoe ontwikkelt zich zijn relatie met Ineke, een van andere leden van het vriendengroepje, degene die 'alle schuld' op zich wilde nemen? Kortom, niet alleen 'Wat is er gebeurd?' maar ook: 'Wat gaat er gebeuren?'

In discussies over misdaadfictie tegenover literaire fictie wordt nogal eens verkondigd dat in het eerste genre een raadsel of mysterie wordt opgelost, en dat het in het tweede juist wordt ontwikkeld. Ik denk dat dat een onhoudbare versimpeling is. In *Gloed*, toch een literaire roman bij uitstek, wordt ook een mysterie opgelost, net als in *De ontdekking van de hemel* van Harry Mulisch. Het Grote Mysterie dat overblijft na elk goed boek betreft vragen als: waarom gedragen mensen zich zoals ze doen? Wat doen ze elkaar aan? Hoe verhouden ze zich tot elkaar? Wat betekent het leven voor ze, hoe worden ze gedreven door maatschappelijke en persoonlijke omstandigheden, door hun karakter? Dat geldt bijvoorbeeld net zo voor *Stille waters* van Patricia Highsmith met de raadselachtige Victor Van Allen in een perfide hoofdrol als voor Reves *De avonden* met de boosaardige, manipulatieve, onzekere Frits van Egters als het belangrijkste personage.

Een en ander neemt niet weg dat het in veel, maar dus lang niet in alle, misdaadromans gaat om het oplossen van een mysterie of een raadsel, maar dat is wel een ander type mysterie dan het bovengenoemde 'Grote Mysterie', dat je in principe onoplosbaar zou kunnen noemen. Zo'n misdaadmysterie komt al voor in wat vaak beschouwd wordt als het eerste misdaadverhaal in de literaire geschiedenis, namelijk *De moorden in de Rue Morgue* van Edgar Allan Poe. In die novelle gaat het om de oplossing van een raadselachtige moord: er wordt een lijk gevonden in een kamer die van binnenuit is afgesloten. Hoe is dat in godsnaam mogelijk? Poe heeft met dit boek de aanzet geleverd voor duizenden whodunits met een spijkervast stramien. Het al eerder genoemde *Moord in de pastorie* van Agatha Christie is daar een goed voorbeeld van: een lijk, een aantal verdachten, een speurder (vaak een wat curieuze persoon; denk aan Hercule Poirot of Sherlock Holmes) en aan het eind de ontknoping. Raadsel opgelost. De lezer kan zich storten op de volgende puzzel: *Moord in de bibliotheek*, *Het lijk in de Haarlemmerhouttuinen*, *Het raadsel van het eierwarmertje* enzovoort. (De laatste titel heb ik niet verzonnen. Het is een boek van James Anderson, in vertaling uitgegeven door Het Spectrum in 1976. De oorspronkelijke titel luidde *The Affair of the Blood Stained Egg Cosy*. In het Engels dus geen raadsel maar een zaak; wel *blood stained* dat in het Nederlands is weggelaten.) Het typische misdaadmysterie dat de kern is van een thriller, duikt ook vaak op in literaire fictie. Connie Palmens *Lucifer* werd in recensies wel een 'literaire detective' genoemd. Er is sprake van een lijk en het verhaal wordt mede voortgestuwd door de vraag of het 'slachtoffer', Clara Wevers, van een rots gevallen is, zelfmoord heeft gepleegd of is vermoord. Arjen Fortuin schreef dat het boek niet 'een echt geslaagde roman' te noemen is, maar: 'Daartegenover staat dat het boek wél spannend is, je blijft hopen op een apotheose waarin de raadsels rondom de dood van Clara Wevers ineens opgelost worden.' Maar dat gebeurt niet. Teleurstellend? De raadsels hebben hun functie vervuld als het gaat om het creëren van spanning.

Ook moderne misdaadromans, met een complexer verhaalverloop dan de ouderwetse speurdersroman en met meer psychologisch inlevingsvermogen verteld, draaien in veel gevallen primair om de oplossing van een raadsel. Zo gaat het in *De macht van meneer Miller* van Charles den Tex in eerste instantie om een moord, en daarna om de ontraadseling van een internationaal (politiek) complot waarbij manipulatie via een computernetwerk – beheerst door een mysterieuze 'meneer Miller' – een belangrijke rol speelt (zie ook hoofdstuk 3). Het boek wordt juist extra spannend door het feit dat de hoofdpersoon zelf aangezien wordt voor de moordenaar. Bovendien is het verhaal vele malen interessanter dan een relatief simpele whodunit door de karaktertekening van de gekwelde, achtervolgde hoofdpersoon Michael Bellicher en het maatschappelijk decor waartegen het verhaal zich afspeelt.

Een heel ander voorbeeld is een politieroman van Catherine Aird met als hoofdpersoon inspecteur C.D. Sloan, *De prooi*.

Grace Jenkins is een weduwe met een 21-jarige dochter, Henrietta. Het lijk van Grace wordt 's morgens vroeg langs de kant van de weg gevonden. Ze is aangereden en de schuldige chauffeur heeft zich uit de voeten gemaakt: een *hit-and-run driver*, zoals die in het Engels zo adequaat wordt genoemd. Vraag: wie is de dader? Zo op het eerste gezicht een misdaadverhaal zoals zovele, maar de spanning krijgt een nieuwe, krachtige oppepper als uit gynaecologisch onderzoek bij de autopsie blijkt dat Grace nooit een kind heeft gehad. Wat is dan de afkomst van Henrietta, en heeft die afkomst iets met de moord op haar moeder te maken? Want dat het een moord is, wordt al snel duidelijk. Dat het mysterie vooral draait om de afkomst van Henrietta wordt trouwens al gesuggereerd door de oorspronkelijke Engelse titel: *Henrietta Who?*

Vaak is er, zoals ik al aangaf in het vorige hoofdstuk, sprake van een dubbele plotlijn, die de spanning laat toenemen. Kees 't Hart interviewde een aantal schrijvers voor zijn boek *De kunst van het schrijven.* A.F.Th. van der Heijden komt daarin ook aan het woord, met name over zijn roman *Advocaat van de hanen.* Hoofdpersoon in dat boek is de advocaat Ernst Quispel. In zijn inleiding op het interview schrijft 't Hart onder meer het volgende:

> Met *Advocaat van de hanen* schreef Van der Heijden een meeslepend boek over de kraakbeweging van de jaren tachtig en een advocaat die betrokken raakt bij het onderzoek naar de dood van een kraker [voor degenen die het niet meer weten: geïnspireerd op de Hans Kok-affaire, RA]. Tegelijkertijd geeft hij een overtuigend en beklemmend beeld van de advocaat, die zich een paar keer per jaar overgeeft aan euforisch alcoholgebruik en langzamerhand niet meer in staat is zijn ondergang af te wenden.
> De roman laat zich ook lezen als een *whodunit,* omdat de oorzaak van de plotselinge dood van een van de krakers de lezer in de ban houdt. Wie is er verantwoordelijk voor zijn dood?

In het interview zegt Van der Heijden ook dat hij 'twee verschillende dingen' bedacht: 'Er moet een persoonlijke crisis van de hoofdpersoon in en die crisis moet ook weerspiegeld worden, zodat het visueel en akoestisch wordt tegen de achtergrond van een maatschappelijk probleem.' En: 'Ik wilde met die advocaat een ander probleem het verhaal in krijgen dat losstond van die krakerskwestie, en zo kwam ik op het idee van de kwartaaldrinker.'

Twee lijnen, twee problemen, twee mysteries. Het is natuurlijk geen garantie voor spanning, maar wel is duidelijk dat er met zo'n opzet spanning mogelijk is, vooral als de twee lijnen elkaar raken en beïnvloeden.

Een auteur die spannend of meeslepend wil schrijven, doet er goed aan om rekening te houden met het feit dat het conflict of het mysterie dat moet zorgen voor de spanning over het hele boek heen op den duur zijn kracht kan verliezen. De spanning moet worden 'onderhouden', zoals ik al eerder beweerde (zie hoofdstuk 4) of opnieuw stevig worden gestimuleerd. Dat kan onder andere door het invoeren van wat ik hier submysteries noem.

In *De avonden* wordt zo'n submysterie gevormd door een kennelijk conflict tussen de ouders van Frits van Egters, waar vooral zijn moeder onder lijkt te lijden. Af en toe wordt ernaar verwezen, redelijk goed verspreid over het boek. Dat laatste, die spreiding, is ook belangrijk voor de spanning.

– Uit de achterkamer [waar de moeder zich bevindt, RA] klonk af en toe, verstikt, een snikkend geluid. 'Het is verstikt en onduidelijk,' zei Frits bij zichzelf, 'het is niet zo hard, dat ik het horen kan. Ik kan het niet horen.' (pagina 20)
– [Frits] trad aan de deur op de gang. Zijn moeder sprak met een snelle, huilende opeenvolging der woorden. (pagina 63)
– 'Laat hij [dat wil zeggen Frits' vader, RA] in Utrecht maar zijn plezier hebben,' zei zijn moeder, 'het zal mij een zorg zijn.' Bij

de laatste woorden haperde haar stem. 'Ik ben niet van plan hier de hele dag te blijven zitten,' zei ze opeens huilend, 'ik ga naar Den Haag.' 'Niemand let je,' zei Frits, 'God zal je leiden. Je hebt gelijk.' (pagina 68)

– 'Thuis opende [Frits] zonder geluid de gangdeur, sloot hem zacht achter zich en bleef staan. 'Wat wil je dan?' hoorde hij zijn moeder in de huiskamer zeggen. 'Als ik maar wist, wat jij wilde. Maar je wil niets. Je weet zelf niet wat je wil. Je zegt, dat ik snauw. Maar ik zeg nooit wat. Vanmorgen vroeg ik jou: Kam je je haar met dat kleine nagelborsteltje? Mag ik dat niet vragen? Moet jij dan antwoorden: Mag het? En je keek, of je me wel kon vermoorden. Je voelt je bedreigd. Bedreig ik je?' (pagina 133)

Boven is het stil van Gerbrand Bakker opent met de fraaie zin: 'Ik heb vader naar boven gedaan.' De 'ik' is Helmer, een (vermoedelijk) homoseksuele man van vijfenvijftig jaar, die alleen met zijn vader op een boerderij woont. Helmer had een tweelingbroer Henk, die jong is overleden. Na dat dramatische sterfgeval moest Helmer, die studeerde in Amsterdam, op de boerderij gaan werken. Het verhaal gaat over de manier waarop Helmer in het reine probeert te komen met het verleden (of: afrekent met dat verleden) en voor zichzelf een nieuwe toekomst zoekt. Het boek bevat een mooi submysterie dat bijdraagt aan de spanning in het soms bijna verstilde verhaal. Helmer heeft een buurvrouw, Ada. Ze is getrouwd met Wim – ook een boer – en heeft twee zoontjes, die regelmatig bij Helmer op de boerderij komen. Ada trouwens ook. Vaak gaat er de suggestie van uit dat ze meer wil dan alleen een aardige, behulpzame buurvrouw zijn voor een man alleen (met zijn oude vader boven). Maar hoe is het als die eenzame man mogelijk homoseksueel is? Ada geeft Helmer bijvoorbeeld interieuradviezen: 'Ze was een keer naar de slaapkamer gelopen. Waarom ik nog steeds in een eenpersoonsbed sliep? In een groot bed zou ik "lekker de ruimte" hebben. Ze keek me schalks aan toen ze dat zei.' Regelmatig komt Ada terug om als het ware dit submysterie te voeden, ook op de begrafenis van Helmers vader. Wim verschijnt nooit, evenmin op die plechtigheid. Ook heel veelbetekenend.

Soms zijn submysteries minder aangrijpend of is hun betekenis minder groot, maar zijn het eerder kleine prikkelingen waardoor de aandacht van de lezer gespannen blijft. *De vrouw die tegen de deur aan liep* van Roddy Doyle (zie ook hoofdstuk 2) bevat daar verschillende voorbeelden van, zoals de beschrijving van de scène waarin Charlo in de loop van een overval geconfronteerd wordt met de politie:

> Hij was ingesloten, door de politie en de auto; de huizen, de wolken en de feiten. Hij richtte het geweer op hen. Ze stopten en doken weg. Hij stapte in de auto. Hij stapte weer uit: het portier liet hij open. Hij wilde uitstappen. Eén voet op de straat, de andere zat binnen klem, onder een pedaal, achter de mat.
> 'Godver!'
> Hij richtte het geweer. Ongeladen. Dat wisten ze niet.
> Een van hen schoot op hem.

De vraag (of het mysterie) is uiteraard waarom Charlo niet probeert om weg te rijden. De triviale oplossing komt bijna zeventig pagina's later: 'Hij kon niet rijden. Dat was de reden dat hij weer was uitgestapt. De arme stumper, hij was er nooit aan toegekomen. De kidnapper die niet kon rijden. Hij had geen rijbewijs, hij had nooit een auto gehad; hij had nooit leren autorijden.' Is zo'n triviale oplossing voor de lezer teleurstellend? Wat mij betreft niet. Doyle bereikt het beoogde effect: de lezer is nieuwsgierig en krijgt uiteindelijk de noodzakelijke informatie. Dat betekent natuurlijk nog niet dat een schrijver achter elkaar submysteries kan inbouwen, die vervolgens allemaal op een triviale manier worden opgelost. Dat roept de reactie op: 'Ja, zo kan ik het ook!' En dat is dodelijk voor de spanning.

Thrillers bevatten vaak verschillende submysteries. Opvallend genoeg begint *De macht van meneer Miller* ermee, terwijl ze meestal pas in de loop van een verhaal worden opgevoerd. Dit laat goed zien welke vrijheid een schrijver zich kan veroorloven, mits hij een bepaald principe maar vaardig en vooral geloofwaardig toepast. Het boek van Den Tex opent met een scène waarin de hoofdpersoon Michael Bellicher zijn broer Kees, die enkele jaren in de Verenigde Staten heeft gestudeerd, afhaalt van Schiphol. Kees arriveert, slaat zijn armen om Michael heen en zegt: 'Jezus, wat heb ik jou gemist!' Michael raakt volkomen van de kaart: 'Dat was het moment waarop ik mezelf niet meer kon vinden. Vierkant in de aankomsthal, Kees in mijn armen. Ik wist wat ik zag, maar ik zag niet wat ik wist. Ergens ging iets kapot en langzaam voelde ik mijn knieën slap worden.' Michael verliest zelfs het bewustzijn. Wat is er aan de hand? Waarom was het voor Michael zo'n schokkende ervaring om zijn broer op Schiphol te ontmoeten? Een paar keer wordt dit submysterie opnieuw aangestipt. Op pagina 34 staat bijvoorbeeld: 'Kees had mij binnenstebuiten gekeerd. Mijn hele lichaam kwam in verzet tegen mijn eigen gedachten.' Wat die gedachten dan zijn, wordt nog niet onthuld. Dat gebeurt pas op pagina 97: Kees heeft zich in Amerika laten ombouwen tot Kirsten. Hij is een 'zij' geworden.

In misdaadromans wordt het verhaal veelal voortgedreven door vragen die de lezer zich zou moeten stellen en waarop de antwoorden alleen maar te verkrijgen zijn door verder te lezen. Als voorbeeld neem ik *Dag van de afrekening* van John Gilstrap (zie ook hoofdstuk 3). Politiemensen komen op de plek in het natuurgebied waar iemand is doodgeschoten. Politieman Russell Coates overweegt het volgende: 'Zelfs de meest gewiekste crimineel laat iets achter. Behalve voetafdrukken en bandensporen zijn er vaak sigarettenpeuken, tandenstokers, haren of bloedsporen. Hij hoefde er slechts voor te zorgen dat hij die dingen te pakken kreeg, een beetje fantasie en logica te gebruiken, en dan had hij met een beetje geluk binnen de kortste keren een moordenaar te pakken.' Vraag: vinden ze inderdaad iets wat naar de 'helden' van het verhaal, Bobby en Susan, verwijst? Zes pagina's later volgt het antwoord: Bobby merkt dat hij zijn kampeerpas kwijt is.

Een tweede voorbeeld uit dit boek. Zoals ik al eerder beschreef, gaat het verhaal over het kinderloze echtpaar Bobby en Susan, die in het natuurgebied een klein jongetje vinden. Later blijkt dit het gekidnapte zoontje van April te zijn. Zij denkt hem alleen terug te kunnen krijgen als ze een geharde crimineel, Logan, veel geld betaalt. Noch Logan, noch April weet dan dat het jongetje op dat moment bij Bobby en Susan is. Logan zegt tegen April: 'Ga maar een bank beroven voor mijn part, maar zorg dat je het geld krijgt, want ik houd hem maar een week in leven.' Vraag: hoe komt April aan geld? Antwoord: later blijkt dat ze inderdaad probeert een bank te beroven, maar dat mislukt.

Een boek wordt spannend als er een flink aantal potentiële vragen in het verhaal zijn ingebouwd. Dat zijn dan vragen in de trant van:

- Hoe zit het in elkaar?
- Hoe moet dit verder?
- Wat gaat ze nu doen?
- Waar hebben ze het geld verstopt?
- Hoe moet ik (als lezer) deze aanwijzing interpreteren?
- Wat heeft hij precies gedaan?
- Hoe denkt zij erover?
- Zal hij haar in de steek laten?

Enzovoort, enzovoort.

Het beste is als die vragen zo veel mogelijk impliciet blijven. Uit *Dag van de afrekening* geef ik een voorbeeld waarin de schrijver dit principe niet volgt. Na een bezoek aan de advocaat komt Bobby thuis. Hij denkt daar Susan met het jongetje aan te treffen. Hij zoekt alle kamers af, maar ze zijn er niet. Dan staat er:

'Geen spoor. Wat moest hij nu weer doen?' Dat laatste zinnetje is natuurlijk te veel. Eerlijkheidshalve moet ik zeggen dat ik me ook wel eens schuldig heb gemaakt aan het te overdadig expliciteren van vragen, soms in een serie achter elkaar, zoals in het volgende fragment uit *Geweten*, waarin Peter in 'het heden' op bezoek gaat bij Johan, die vroeger ook deel uitmaakte van het vriendengroepje op de middelbare school. Peter vraagt of Johan wel tijd heeft en Johan zegt dan ''t Schikt nooit en 't schikt altijd.'

> Hij nam zelf plaats op een bank waar een grote deken overheen geslagen was. Ik begreep niet goed wat hij bedoelde. 't Schikt nooit en 't schikt altijd. Vroeger maakte Johan ook weleens van die geheimzinnige opmerkingen. Voelde ik me toen ook al een stuk dommer dan hij? En de anderen? Begrepen we wat hij bedoelde? Begrepen we waar hij heen wilde of lieten we ons willoos meevoeren in de richting van zijn duistere plannen? Misschien waren het geen echte plannen en overkwam het hem ook alleen maar. Kon ik het hem nu vragen?

Te veel expliciete vragen doden de spanning, omdat ze het zoekwerk, de mentale activiteit van de lezer, bij voorbaat overbodig maken. Dit is vergelijkbaar met verwachtingen die te veel worden geëxpliciteerd (zie ook hoofdstuk 3). De lezer moet de vragen als het ware denken en niet lezen. Bij een serie vragen achter elkaar is de lezer overigens de eerste ook al vaak vergeten als hij bij de vierde is aangeland. Vragen kunnen soms simpelweg worden weggelaten. Een verhaal wordt er directer door en meestal ook spannender.

HOOFDSTUK 9

Informatie doseren

Nemen we het programma *Goede Tijden Slechte Tijden.*

De scène speelt in een café: twee meisjes van een jaar of achttien praten met elkaar. A is verliefd op een jongen en wil hem met behulp van vriendin B proberen te paaien. Maar B zegt: 'Hij is verliefd op een ander.' A: 'Ach, die trut schakel ik zo uit.' Waarop B reageert met: 'Ik ben die trut.'

De scène wordt op dat moment afgebroken. Het verhaal verplaatst zich naar een hotellobby, waar een jongeman struikelt over een paar koffers. Zijn vriendin vraagt: 'Heb je je pijn gedaan?' Jongeman: 'Nee, ik heb alleen mijn mp3-speler laten vallen. Zie je ook waar?' Beiden kijken zoekend rond. Einde scène.

Na nog twee korte tot zeer korte scènes keert de kijker terug bij de twee meisjes uit de beginscène: al ruziënd verlaten ze het café.

Een televisieserie als *Goede Tijden Slechte Tijden* bestaat net als veel andere soaps uit een aantal verhaallijnen, die elk zo veel mogelijk op een kritisch en dus spannend moment worden afgebroken, waarna een andere lijn aan de beurt komt, waarna een volgende lijn, enzovoort. Elke lijn wordt dus doorgeknipt op een plek die de kijker nieuwsgierig moet maken naar het vervolg. Anders gezegd: er wordt uitbundig gebruikgemaakt van zogenoemde cliffhangers.

Cliffhangers zijn voorbeelden van de manier waarop een schrijver informatie zodanig kan manipuleren – eigenlijk is de schrijver een *informatiemanager* om het in modern jargon te formuleren – dat een verhaal spannend wordt voor een lezer. Eerder heb ik al uitgewerkt hoe informatie al of niet 'beschikbaar' is voor personages en lezer. In hoofdstuk 4 had ik het over de situatie waarin de lezer meer weet dan de personages, zodat het 'Jan Klaassen-effect' ontstaat: de lezer wil het (bedreigde) personage waarschuwen. Vaak is er ook een informatieverschil tussen de personages, wat tot spannende misverstanden kan leiden. In *Stille waters* van Patricia Highsmith veronderstelt Horace, een goede vriend van Victor Van Allen, op een gegeven moment dat het weer beter gaat met Melinda en dat ze weer tot rust is gekomen, dat wil zeggen dat ze niet meer achter de mannen aan zit. Het tegendeel is het geval. Victor weet, en de lezer met hem, dat ze weer een nieuwe minnaar heeft, de barpianist Charly De Lisle. De conversatie over Melinda tussen Victor en Horace speelt zich dan ook nog af in de bar van het hotel waar op dat moment Charley voor muzikaal entertainment zorgt.

In het vorige hoofdstuk kwam een andere informatieverdeling aan de orde, namelijk die waarin de romanfiguur meer weet dan de lezer, wat de nieuwsgierigheid van de lezer moet prikkelen. Dit appelleert in feite aan de latente behoefte van de lezer om zich te identificeren met de hoofdpersoon; hij wil alles te weten komen wat die weet. Soms wordt én lezers én personages informatie onthouden, zoals in hoofdstuk 4 onder meer werd geïllustreerd met de volgende zin: 'Dit was de laatste ochtend dat ze samen zouden ontbijten.' In zo'n geval weet de lezer weliswaar meer dan de personages, maar er blijven nog voldoende lacunes over: wat gaat er dan gebeuren, wanneer precies en hoe?

De cliffhanger behoort tot het traditionele gereedschap van de schrijver van spannende boeken. Het is een beproefd middel dat vooral uitbundig werd toegepast in de Engelse feuilletonliteratuur in de negentiende eeuw. Deze feuilletons verschenen vaak in kranten, die in belangrijke mate afhankelijk waren van de losse verkoop. Lezers moesten aan de krant gebonden worden, dus verschenen er feuilletonverhalen met aan het eind van de aflevering een cliffhanger: letterlijk genomen iemand die aan de rand van een klif hangt, waarbij de grote vraag is: valt hij of valt hij niet? Impliciete boodschap: lees morgen hoe het verder gaat. Commerciële boodschap: koop morgen deze krant weer. Zo'n letterlijke cliffhanger kan uiteraard via eenvoudige middelen worden voortgezet. In de volgende aflevering verschijnt een man op de rand van het klif. Degene die dreigt te vallen herkent hem en verzoekt hem te helpen. Maar dan blijkt dat de mogelijke redder juist een tegenstander is, en hij dreigt de ongelukkige het laatste duwtje te geven. *Break*. Naar de volgende aflevering. Op het moment dat de 'tegenstander' zijn plan dreigt uit te voeren, komt een derde persoon opdagen, die in gevecht raakt met de ander. Het is een gevecht op leven en dood, ook aan de rand van het klif, gadegeslagen door de man die daar nog steeds aan hangt, en wiens vingers het niet lang meer zullen houden enzovoort.

Charles Dickens is de vertegenwoordiger bij uitstek van de negentiende-eeuwse feuilletonliteratuur. Je vindt bij hem soms cliffhangers op de overgang tussen twee hoofdstukken, zoals in *Grote verwachtingen*, een van zijn beroemdste romans, die per hoofdstuk in afleveringen in een tijdschrift werd gepubliceerd. In hoofdstuk 1 is Pip, de hoofdpersoon, geconfronteerd met 'een verschrikkelijke kerel, helemaal vuil en grauw, met een ijzer aan zijn benen', waarschijnlijk een ontsnapte gevangene of galeiboef. De man dwingt Pip om voor eten en een vijl te zorgen. In hoofdstuk 2 weet Pip die zaken te bemachtigen en dat hoofdstuk eindigt ermee dat Pip in het geheim, voorzien van proviand en vijl, in de richting gaat van de moerassen, waar hij de man eerder heeft ontmoet. En dan, wat gaat er gebeuren? Het derde hoofdstuk opent met een eenvoudige beschrijving: 'Het was een morgen met rijp en dikke mist. Ik had de nevel buiten tegen mijn kleine venster zien hangen, alsof een kabouter daar de ganse nacht had zitten schreien en mijn venster als zakdoek gebruikt had.' En na een bladzijde staat de vermoedelijk ontsnapte gevangene weer voor Pips neus. Voor de lezers van het tijdschrift was er uiteraard wel degelijk een echte cliffhanger, maar niet voor de lezers van de roman, omdat daarin het verhaal in feite gewoon doorloopt.

Een enkele keer past Dickens het cliffhangerprincipe wel zo toe dat er ook in de roman sprake is van spanning, omdat hij iets afbreekt en dat niet direct daarna in het volgende hoofdstuk weer continueert. Dit gebeurt bijvoorbeeld in *Het grauwe huis*. Tijdens een conversatie gevoerd door een keurig gezelschap leest ene heer Tulkinghorn een officieel verslag voor van een zaak voor het hooggerechtshof. Nog voor hij daarmee klaar is, blijkt dat lady Dedlock zich een en ander bijzonder aantrekt. Men vraagt haar wat er aan de hand is. '"Wee," mompelt Mylady, met witte lippen, "alleen maar wee. Maar het is of ik sterven zal. Spreek niet tegen me. Bel en breng me naar mijn kamer!"' Vrijwel direct daarna is het hoofdstuk afgelopen, en in het volgende is een ander personage aan het woord ('Het kost mij heel wat moeite om mijn deel van deze bladzijden te beginnen...'), en wat er met lady Dedlock aan de hand is, en vooral waarom ze zo van de kaart raakte door de voorgelezen tekst, blijft in het midden. En dat zal het ook nog lang blijven.

Een eigentijds, maar tegelijk klassiek voorbeeld van een verhaal dat het qua spanning grotendeels moet hebben van cliffhangers is *Klifhanger*, een jeugdserie die in 2006–2007 op de achterpagina van het Cultureel Supplement van NRC *Handelsblad* stond. Hier volgen slotzinnen van enkele afleveringen:

– Katja gaf een gil. Ze dook naar het mannetje toe, en klemde hem vast. Nu lagen ze op de grond. Ze rolden om en om, worstelend, in de richting van de rand... (NB: Let ook op de suggestieve drie puntjes. Als een verhaal echt spannend is, heeft een schrijver die niet nodig. Het is overdaad, en wat doet overdaad? Precies.)

– Ik gaapte hem aan. Zijn mond verbreedde zich tot een driehoek. Zijn tanden gingen op een neer als pianotoetsen en er

klonk een liedje, als uit de reclame: (...) Met gebalde vuisten stormde ik op hem af.
– 'Vlak boven me bewoog iets. En druppels kwamen naar beneden. Stinkende druppels.' 'Jezus!' 'Nee, die was het niet. Het was een dinosaurus. En zijn kwijlende kop hing boven me.'

Zoals gezegd: in een feuilleton moet de lezer simpelweg wachten op de volgende aflevering. In het begin daarvan wordt de draad meteen weer opgepakt zoals ook blijkt uit de eerste zinnen van de vervolgaflevering na het laatste slotfragment uit *Klifhanger*:

'En toen?!' vroeg Katja.
'In het dorp lag ik ook wel eens op de grond,' zei ik. 'Als jongens me onderuit hadden gehaald. Als je dan lag, kon je ze tackelen. Dus dat deed ik!'
'Heb jij een dinosaurus getackeld?'
'Inderdaad, ja, ik sprong naar voren en ik heb die reusachtige dino getackeld.'

Wat in een (in afleveringen gepubliceerd) feuilleton kan, is onmogelijk in een boek waarin de lezer in principe gewoon verder kan lezen zolang hij dat wil. Dat betekent dat er na de cliffhanger een andere scène moet volgen, op een andere plaats of een andere tijd of vanuit een ander perspectief. In ieder geval kan en mag het verhaal niet gewoon doorlopen.

De volgende typische cliffhanger komt uit *Dag van de afrekening* van John Gilstrap. Bobby en Susan vluchten van de plek waar Bobby een man heeft gedood en vanwaar ze een klein jongetje hebben meegenomen. Dan staat er: 'Voorlopig was het ergste voorbij. Dat dacht hij althans, voordat hij blauwe flitslichten zag die zijn achterbumper naderden.' Hierna volgt een regel wit en verschuift het perspectief naar Samuel, de broer van de doodgeschoten man. Twee bladzijden later aan het begin van het volgende hoofdstuk, wordt de afgebroken scène weer opgepakt en vervolgd. Gilstrap maakt vaak gebruik van deze techniek, bijvoorbeeld een stuk verder in het boek als Bobby een insluiper in zijn huis vermoedt. 'Ergens beneden ging een deur open en dicht.' Dat hoort Bobby. Daarna een regel wit, en na twee bladzijden, waarin het perspectief bij de insluiper ligt: 'De voetstappen klonken nu in de hal.'

Zelf vind ik het fraaier als de scène niet zomaar wordt vervolgd, omdat de lezer daarbij immers iets kan denken als: vertel dan gewoon verder en onderbreek niet steeds het verhaal. De cliffhanger wordt zo voor de lezer te veel een trucje, en zodra dat wordt doorzien werkt het niet meer. Hier geldt ook de al eerder geciteerde uitspraak van Renate Dorrestein uit *Het geheim van de schrijver* over de verstoring van de fictionele droom door herkenbare ingrepen van de schrijver.

De cliffhanger werkt mijns inziens sterker als het vervolg na de *break* op een andere manier aan de orde komt. Ik geef een voorbeeld uit mijn misdaadnovelle *Spanning*. Het verhaal wordt verteld vanuit een vrouw, Marjon, die op een Amsterdamse bovenverdieping woont:

> Ze had zin in een lange, hete douche. Toen ze na een kwartier uit de douchecel stapte, ging de bel. Snel deed ze haar ochtendjas aan. Er hing nog een ouderwets touw langs de trap, en ze trok de deur open. Ze drukte op het knopje voor het licht, maar het bleef donker. Er klonken voetstappen op de trap.
> 'Wie is daar?' vroeg ze, maar er kwam geen reactie.
> Stap... stap... stap.
> Toen zag ze een schim naar boven komen. 'Hé, ben jij het?'

Dan begint een nieuw hoofdstuk, met een dialoog tussen Huub en Jeroen en allerlei verwikkelingen op het universitaire instituut waar Jeroen, de hoofdpersoon van het boek, werkt. Ruim tien bladzijden na de passage met Marjon boven aan de trap komt er een rechercheur bij Jeroen, die hem vertelt dat zij vermoord is.

Een schoolvoorbeeld van een cliffhanger die níét vervolgd wordt doordat de afgebroken scène weer wordt hernomen, is te vinden in *Boven is het stil* van Gerbrand Bakker. De boer Helmer probeert een in de sloot geraakt schaap weer op de wal te krijgen, terwijl hij zelf ook in de sloot staat. Het is een lange scène, waarin de lezer zelf bij wijze van spreken fysiek uitgeput raakt.

> Ik verlies mijn evenwicht, val achterover, en het schaap rolt boven op me. [...] Eén keer lukt het me mijn hoofd boven water te krijgen, om de natte, loodzware wol heen, en een flinke teug lucht naar binnen te zuigen. Dan drukt het schapenlijf me weer omlaag. [...] Ik krijg mijn armen niet meer tussen mijn buik en het schaap, zelfs als ik zou willen proberen het beest over mijn hoofd van me af te rollen zou dat niet lukken.

Met die laatste zin eindigt dit fragment, en daarmee deel II van het boek. Deel III begint met een brief van Riet, de moeder van Henk, een wat weerbarstige jongeman die een tijdje bij Helmer op de boerderij woont, en na nog een andere passage staat er het volgende:

> De afgelopen dagen heb ik steeds naar Henks polsen gekeken. Sterke, brede polsen heeft hij. Overdekt met rosse haartjes. Nadat hij het telefoongesprek met zijn moeder beëindigd had, kwam hij achter me aan. Hij bleef een tijdje bij het damhek hangen, zag mij niet, maar wel de schapen die op een kluit één kant op stonden te kijken. Dat vond hij raar, zei hij later. Achteraf denk ik dat ik op dat moment mijn hoofd voor de laatste keer boven water wist te krijgen. [En dan volgt het verdere verhaal van de redding, RA].

De cliffhanger kun je zien als een instrument, een techniek, een truc, en die moet de schrijver niet alleen adequaat, maar vooral niet te vaak toepassen. Dat herkent de lezer, en dan verzwakt het de spanning in het verhaal. Maar *De Da Vinci Code* van Dan

Brown dan? Dat is één lange aaneenschakeling van cliffhangers. Inderdaad, kennelijk zijn er schrijvers die ermee wegkomen. Nee, veel sterker: die op die basis een ongelooflijke, internationale bestseller weten te schrijven. *I rest my case*!

Het gaat niet alleen om het al of niet geven van informatie aan personages en lezers, om het afbreken van informatie, maar ook om de wijze waarop informatie wordt 'uitgesmeerd'. Spanning ontstaat vooral ook als een schrijver niet meteen aangeeft wat er gebeurt, maar als hij die gebeurtenis betrekkelijk traag en gedetailleerd vertelt. Het is niet voor niks dat het Engelse woord voor 'spanning' suspense is, en dat betekent ook 'uitstel' en 'opschorting'. In mijn korte verhaal 'Oppassen' gaat een jong meisje, Anja, boven kijken omdat ze bang is dat het kind op wie zij moet passen (Marriët) misschien is gaan huilen. Uiteindelijk is het bedje van Marriët leeg, en Anja kan het meisje nergens vinden. Zoals ik het hier weergeef, had ik het in het verhaal ook op kunnen schrijven, maar dat is uiteraard verre van spannend. De scène in het verhaal beslaat ongeveer twee bladzijden. Daarbij is het wel belangrijk dat de informatie waarmee zo'n scène wordt gevuld ook relevant is. Dus geen gezeur over een versleten traploper of een losliggende traproede als Anja de trap op loopt, maar wel iets over de slaapkamer van de vader van Marriët waarin ze terechtkomt, want dat is verder functioneel binnen het verhaal.

In zijn klassieke schrijfhandleiding *De kunst van het schrijven* gaat John Gardner ook in op vertraging als middel om spanning te creëren. Maar wanneer die vertraging tot stand komt middels irrelevante feiten of afleiding geeft dat volgens Gardner 'de lezer het gevoel dat hij wordt gemanipuleerd'. Wie spannend wil schrijven, mag de lezer nooit dat idee geven, want zo ontstaat er een barrière tussen de lezer en het verhaal, terwijl die lezer juist moet worden meegesleept door de vertelde gebeurtenissen.

Al eerder had ik het over de scène waarin Hannibal Lecter in *De schreeuw van het lam* weet te ontsnappen. Die hele ontsnapping en wat eraan voorafgaat is hier te lang om te citeren, maar het is volstrekt duidelijk dat de schrijver, Thomas Harris, er alles aan doet om die scène traag te laten verlopen, met een opmerkelijk oog voor allerlei details, zoals een maaltijd van Lecter, de muziek waar hij naar luistert en de activiteiten van de politieagenten. De schrijver lijkt zich ook zeer bewust van de manier waarop hij suspense creëert, want hij doet er een uitspraak over via Lecter: 'Voor dr. Lecter, die roerloos aan de tafel zat, vertraagde en verstreek de tijd zoals het bij actie gebeurt.'

Sommige auteurs slagen erin om de handeling als het ware stil te zetten om daarmee tegelijk de spanning te laten stijgen. Ian McEwan is een grootmeester als het om die techniek gaat. Als voorbeeld geef ik de volgende scène uit *Het kind in de tijd*, waarin Stephen met zijn dochtertje Kate in de supermarkt voor de kassa staat:

> Toen hij de zalm uit het karretje pakte keek hij naar Kate en knipoogde. Ze deed hem na, maar onhandig, haar neus rimpelend en met beide ogen dicht. Hij legde de vis neer en vroeg het meisje om een draagtas. Ze trok er een onder een plank uit. Hij pakte hem aan en keek om. Kate was weg. Er stond niemand in de rij achter hem. Zonder haast duwde hij het karretje naar de kant, denkend dat ze achter de balie was gedoken. Daarna deed hij een paar stappen opzij en keek het enige pad langs waar ze in die korte tijd had kunnen komen.

Er wordt gezocht en gezocht, eerst alleen door Stephen en daarna met behulp van anderen, pagina's lang, tot het zweet niet alleen op de rug van Stephen staat, maar ook op die van de lezers van de roman. McEwan appelleert natuurlijk aan de angst van vrijwel alle ouders hun kind zomaar ergens, in een openbare ruimte of in een grote winkel, kwijt te raken, en die angst maakt hij extra voelbaar door de tergend trage manier waarop hij deze scène heeft geschreven.

Verder in het boek komt weer zo'n vrijwel 'gestolde' scène voor als Stephen een bijna-ongeluk krijgt. De gebeurtenis moet zich in de werkelijkheid van het boek binnen enkele seconden voltrekken, maar de beschrijving beslaat ongeveer vier bladzijden. McEwan schrijft dan ook: 'De snelheid van de gebeurtenissen paste zich in wat er volgde bij de vertraging van de tijd aan.' En: 'Julie zou genoten hebben van wat er met de tijd was gebeurd, hoe de duur zich aan de intensiteit van de gebeurtenis had aangepast.' Anders gezegd, hoe intenser een gebeurtenis is, des te trager doet hij zich voor, en des te trager wordt hij ook verteld.

Schrijvers zijn zich over het algemeen bewust van de uitsteltechniek die ze toepassen. In een roman of kort verhaal zullen ze dat niet expliciet laten weten, want dat zou weer de 'fictionele droom' verstoren. Een columnist kan zich dat wel veroorloven, bijvoorbeeld Frits Abrahams in zijn column in NRC *Handelsblad* van 12 oktober 2006 over ene Antonius Mathijsen. Abrahams gaat – op aanraden van een familielid – naar Budel om uit te zoeken waarom die man als een prominente Nederlander zou moeten worden beschouwd. Halverwege het stukje is het raadsel nog niet opgelost, omdat Abrahams professioneel voor opschorting zorgt. Dan zegt hij: 'Ik zie de ongeduldige lezer op zijn stoel schuiven. Mag hij nu eindelijk weten wat de betekenis van die Mathijsen voor de wereld is geweest? Ach. Laat me nog even de spanning opvoeren.' En dan volgt er een passage over een monument voor Mathijsen, 'een man die nooit was opgevallen als hij niet die schitterende uitvinding had gedaan'. De wezenlijke informatie over 'die schitterende uitvinding' houdt Abrahams nog in zijn binnenzak, en hij refereert weer aan de verwachtingen van de lezer: 'Ja, nog even.' Maar na enkele zinnen – een columnist heeft tenslotte niet al te veel ruimte – geeft hij de ontknoping: 'Goed, ter zake. Mathijsen vond als militair arts in 1851 het gipsverband uit.'

Een auteur kan ook overdrijven in het uitstellen en opschorten. Om dat te illustreren, geef ik een voorbeeld uit een recent boek van McEwan, namelijk *Zaterdag*. Deze roman speelt zich af op de zaterdag waarop er een grote demonstratie zal worden gehouden tegen het Irak-beleid van de regering-Blair. De hoofdpersoon, Henry Perowne, stapt in zijn auto om naar zijn wekelijks partijtje squash te gaan. Vanwege een verkeersomleiding moet hij anders rijden dan hij zou willen en bij een ongelukkige manoeuvre raakt hij een andere auto. Uit die andere auto stappen drie mannen, die je op z'n zachtst gezegd 'ongure types' zou kunnen noemen, en die overduidelijk verhaal willen komen halen. McEwan schrijft Perowne zelfs op dat redelijk gevaarlijk ogende moment allerlei overwegingen toe, over zijn collega's, over zijn vak als neurochirurg. Er ontstaat een discussie met de bestuurder van de andere auto, ene Baxter, en geweld dreigt. Die dreiging, die voor spanning moet zorgen, is bijzonder reëel, maar naar mijn idee exploiteert McEwan in dit boek zijn enorme vaardigheid in het creëren van suspense net te veel door schier eindeloze vertraging. Net als het opvoeren van allerlei niet-relevante details in een vertraagd vertelde gebeurtenis, kan dit een tegengesteld effect sorteren. De lezer denkt iets als: 'Het zal allemaal wel', laat zijn ogen diagonaal over de bladzijde gaan, en alle bedoelde spanning verdampt.

HOOFDSTUK 10

Ten slotte: Spanningsfactoren verbinden

In de zomer van 2007 verscheen in *de Volkskrant* een feuilleton in wekelijkse afleveringen, geschreven door Herman Franke. Het verhaal gaat over een jongen, Theo, die een beeldschoon meisje dat hem heeft afgewezen zwavelzuur in het gezicht wil gooien. Hij raakt haar nauwelijks, maar de bijtende vloeistof komt wel terecht 'op het verbaasde gezicht van de jongen naast haar die smoorverliefd op het punt had gestaan haar te kussen en zijn arm om haar slanke middel te leggen'. Theo wordt gearresteerd. Zijn advocaat vraagt hem te zwijgen tegenover de politie. 'Je hoeft niet te liegen. Dat doe ik wel voor je.' Aan het slot van de eerste aflevering staat dan de volgende tekst, vanuit het perspectief van de advocaat:

> Hij zocht nu naar een gat in de getuigenverklaringen dat hij met een ontlastende versie van de gebeurtenis zou kunnen vullen.
> Diezelfde nacht vond hij dat gat, kort nadat hij heel lekker met zijn vrouw had gevreeën. 'Bedankt,' zei hij en gaf een klapje op haar billen.
> 'Graag gedaan,' antwoordde ze. 'Ik stuur de rekening wel.'

In deze passage, die Franke vermoedelijk bewust met een grappige uitspraak van de vrouw laat eindigen, dragen twee elementen bij tot de spanning. In de eerste plaats is er natuurlijk sprake van een echte cliffhanger, passend bij een feuilleton. Ten tweede vindt de advocaat het gat in de getuigenverklaringen zonder dat duidelijk wordt gemaakt wat dat gat behelst. Anders gezegd: het personage weet meer dan de lezer, en die lezer wordt geacht hetzelfde te willen weten.

In de hoofdstukken 2 tot en met 9 zijn steeds allerlei factoren die spanning in een verhaal kunnen bewerkstelligen los van elkaar besproken, maar de isolering van die factoren maakt onvoldoende duidelijk wat een bepaald verhaal nu juist spannend maakt. In het feuilleton van Franke gaat het om twee factoren, maar in veel verhalen worden verschillende factoren met elkaar verbonden of ze worden op elkaar gestapeld om de spanning te laten toenemen.

Een simpel plan is vooral een superieure thriller omdat schrijver Scott Smith een groot aantal van de besproken ingrediënten op vaardige wijze gebruikt om zijn verhaal mee te kruiden; zo vaardig dat het bijna niet te geloven is dat dit boek zijn eerste thriller was. In de afwisseling van scènes houdt hij een perfect ritme aan tussen dynamische en vertragende passages, hij creeert op een handige manier verwachtingen, de psychologie van zijn personages die in de greep van hebzucht raken, is interessant en zodanig dat we zeker met de gekwelde hoofdpersoon kunnen meeleven; het conflict tussen Hank en de andere mannen is een uitstekende motor voor de ontwikkeling van de intrige met een aantal escalerende complicaties; en ten slotte vraagt de lezer zich steeds sterker af hoe dit in godsnaam moet aflopen.

Madame Bovary is niet alleen een van de mooiste romans uit de wereldliteratuur, maar ook een spannend boek. Die spanning wordt onder meer bewerkstelligd doordat Flaubert rekening lijkt te hebben gehouden met een aantal van de factoren die in de voorgaande hoofdstukken aan de orde kwamen. Hij creëert verwachtingen; het karakter van zijn personages (vooral Emma) is intrigerend; haar conflict met haar man, of eigenlijk met haar hele omgeving is boeiend, iedere lezer zal benieuwd zijn naar de afloop. Komt het nog goed met Emma? De lezer weet dat dat eigenlijk niet kan, maar leest toch geboeid verder om te ervaren hoe het einde zich voltrekt.

Een schrijver die voldoende spanningsfactoren in stelling brengt, schrijft uiteraard nog niet per definitie een spannend boek. Een van de eisen waar hij verder nog aan moet voldoen, betreft de stijl. Wanneer draagt die mede bij aan de spanning? Een afdoende antwoord op die vraag valt niet makkelijk te geven, al was het alleen maar vanwege verschillende persoonlijke voorkeuren. In een themanummer van *De Groene Amsterdammer* (1 juni 2007) over Patricia Highsmith schrijft Marja Pruis: 'Het is niet eenvoudig de vinger te leggen op wat Highsmith's schrijfstijl nu ook precies haar stijl maakt. Sec, zakelijk, koel, onopgesmukt, in die richting moet het zo'n beetje worden gezocht.' Maarten 't Hart is van mening dat Highsmith 'moeizaam' schreef: 'Ze hanteert een ploeterstijl.' Maar Pruis en 't Hart zijn het erover eens dat juist die wat karige stijl in haar boeken bijzonder adequaat is. Zoals 't Hart zegt: 'En toch blijkt juist dat bijna knullige Engels een voortreffelijk middel om die ijselijke wereld op te roepen, dat inferno van de buitenwijken, waarvan de gloed nog lang beklijft nadat je een boek van haar hebt uitgelezen.' Een misschien knullige, maar wel persoonlijke stijl kan dus ook bijdragen tot de spanning van een verhaal, of kan die spanning misschien beter voelbaar maken.

In het algemeen is het mogelijk om enkele stijlkenmerken te geven voor een spannend verhaal, Voor mij zijn de volgende belangrijk, die ik in termen van adviezen formuleer.

Schrijf direct en betrekkelijk sober. Zorg ervoor dat het taalgebruik niet tussen de lezers en het verhaal in komt te staan. Mede door dat taalgebruik moet de lezer als het ware het verhaal binnen worden gezogen. Iemand als Tim Krabbé is een meester in het hanteren van efficiënt taalgebruik, en dat draagt bij tot de spanning in zijn boeken. Een roman als *Boven is het stil* van Gerbrand Bakker ontleent zijn spanning mede aan het betrekkelijk sobere taalgebruik, ook in zijn sfeerbeschrijvingen ('Er is niets zo rustgevend, zo beschermd, als een stal vol kalm ademende koeien op een winteravond'). Een doodenkele keer gebruikt de schrijver een metafoor, zoals over een stofzuiger die zich bijna verslikt in een stuk papier.

In aansluiting op het bovenstaande: wees voorzichtig met beeldend taalgebruik. De volgende passage uit de roman *De vuistslag* van Mark Boog breekt volgens mij elke spanning die in een verhaal zou kunnen zitten: 'Het was moeilijk om de richting te bepalen waaruit haar stem kwam, alsof het geluid aarzelde om mijn oren te betreden, liever pootjebaadde of zelfs maar voelde: even een voet naar binnen stak, dan weer verdween om het ergens anders te proberen. Haar stem zwierf om me heen als een kouwelijk kind om een zwembad.' Voor mijn gevoel staat de taal hier het verhaal in de weg. Schrijvers van spannende boeken willen nog wel eens ten onrechte laten zien dat ze zeker niet van de straat zijn en ook 'mooi' of 'creatief' kunnen schrijven; 'echte literatuur' bij wijze van spreken. In het boek *Dodelijke vergissing* van Stephen Greenleaf komen binnen een bestek van vijftien (15!) bladzijden de volgende vier vergelijkingen voor:
– Ze was blond en had blauwe ogen die fonkelden als vuurwerk op een winteravond.
– De ogen leken op klontjes gestolde cognac.
– Haar ogen blonken als gepoetste koperen knopen.
– Nelson keek me aan, zijn vochtige ogen als stukjes graniet.

Eén beeldspraak over ogen is al meer dan genoeg, een tweede is *overkill*, zeker als die van het niveau 'klontjes gestolde cognac' is.

Vermijd oubollig en clichématig taalgebruik. Vooral in misdaadromans willen schrijvers nog wel eens een 'vreemd heerschap' opvoeren of er verdwijnt iemand 'pardoes' uit beeld. Afgezaagde uitdrukkingen zijn evenmin aan te raden. Dus laat iemand geen 'eieren voor zijn geld kiezen' of 'een klusje makkelijk klaren'. Ook cliché-emoties kunnen beter niet benoemd worden, dus er 'lopen geen rillingen over de rug' van een personage in een angstige situatie, want door wat die persoon doet en zegt of juist níét doet en zegt, wordt voldoende duidelijk door welke emotie die wordt beheerst.

Maak waar mogelijk gebruik van dialogen. Die kunnen soms versneld worden door een passage in de indirecte rede of door een opeenvolging van korte zinnen, een soort tussenvorm tussen directe en indirecte rede, bijvoorbeeld: 'Waar hij heen ging? Wilde hij liever niet vertellen. Waarom niet? Eigen verantwoordelijkheid. O, nu wel dus.'
Geef bij dialogen niet de emotie van de spreker weer, dus nooit: '"Wat is er aan de hand?" vroeg ze *geschrokken*.' Dat ze geschrokken is, moet blijken uit de vraag of het gedrag, en hoeft niet te worden verwoord.

Wees consequent in het hanteren van het vertelperspectief. In voorgaande hoofdstukken heb ik proberen duidelijk te maken dat het verschuiven van perspectief spanning met zich mee kan brengen. Het geeft de mogelijkheid om informatie te manipuleren. Bij een ik-verhaal is dat niet mogelijk. Bovendien kent het ik-verhaal het volgende bezwaar: als het een bedreigd personage is, weten we bijna zeker dat hij of zij het er levend af zal brengen. Anders kon die 'ik' immers niet als verteller optreden.

Ik keer terug naar het eind van het eerste hoofdstuk. Daar maakte ik een vergelijking met een recept voor een smakelijke maaltijd. Alle ingrediënten zijn nu in voorgaande hoofdstukken aan bod geweest, de stijl is te beschouwen als de saus die van het gerecht een spannend hoogtepunt kan maken. Ik wens iedereen veel succes bij de bereiding.

Bibliografie

Hieronder zijn alleen verwijzingen opgenomen naar publicaties waaruit in dit boek wordt geciteerd.

Frits Abrahams, 'Uitvinder', in: NRC *Handelsblad*, 12 oktober 2006.
René Appel, *Geweten*. Amsterdam, Bert Bakker, 1996.
René Appel, *Spanning*. Amsterdam – Antwerpen, Contact 1998.
René Appel, *Zinloos geweld*. Amsterdam, Bert Bakker, 2001.
Gerbrand Bakker, *Boven is het stil*. Amsterdam, Cossee, 2006.
Agatha Christie, *Moord in de pastorie* (vertaling: John M. Vermeys). Leiden, Sijthoff, 1977.
Charles Dickens, *Het grauwe huis* (vertaling: K. Luberti). Utrecht – Antwerpen, Het Spectrum, z.j.
Charles Dickens, *Grote verwachtingen* (vertaling: Hein de Bruin). Utrecht–Antwerpen, Het Spectrum, z.j.
Renate Dorrestein, *Het geheim van de schrijver*. Amsterdam–Antwerpen, Contact, 2000.
F.M. Dostojewski, *De jonge hospita* (vertaling: J.C. van Wageningen). Amsterdam, Meulenhoff, 1923.
Roddy Doyle, *De vrouw die tegen de deur aan liep* (vertaling: Rob van Moppes). Amsterdam, Nijgh & Van Ditmar, 1996.
Gerard van Emmerik, 'Kortsluiting', in: *Vrij Nederland*, 13 januari 2007.
Gustave Flaubert, *Madame Bovary* (vertaling: Hans van Pinxteren). Amsterdam, L.J. Veen, 1988.
Arjen Fortuin, 'Het toeval is niets voor een schrijver' (over

Lucifer van Connie Palmen), in: NRC *Handelsblad*, 16 maart 2007.
Nicci French, *Verloren* (vertaling: Irving Pardoen). Amsterdam, Anthos, 2006.
John Gardner, *De kunst van het schrijven; een praktische handleiding* (vertaling: Inge Kok). Amsterdam, Contact, 1984.
John Gilstrap, *Dag van de afrekening* (vertaling: Peter Barnaart). Amsterdam, De Boekerij, 2000.
Arnon Grunberg, *De troost van de slapstick; Essays*. Amsterdam, Nijgh & Van Ditmar, 1998.
William Hardy, *Lady killer*. Harmondsworth (Penguin), 1961.
Thomas Harris, *De schreeuw van het lam* (vertaling: Elly Schurink-Vooren). Amsterdam, Luitingh-Sijthoff, 1989.
Kees 't Hart, *De kunst van het schrijven*. Amsterdam, Querido, 2007.
Willem Frederik Hermans, *De donkere kamer van Damocles*. Amsterdam, G.A. van Oorschot, 1963 (zesde, herziene druk).
Willem Frederik Hermans, *Nooit meer slapen*. Amsterdam, De Bezige Bij, 1966.
Willem Frederik Hermans, 'Eerste zinnen van romans', in: *Mondelinge mededelingen*. Amsterdam, De Bezige Bij, 1987, p. 61-88.
Patricia Highsmith, *Stille waters* (vertaling: Stella Bromet). Amsterdam, Arbeiderspers, 1975.
Patricia Highsmith, *Hoe schrijf ik een spannend boek* (vertaling: Anneke Brassinga). Amsterdam, Arbeiderspers, 1985.
Tim Krabbé, *De grot*. Amsterdam. Bert Bakker, 1997.
Sándor Márai, *Gloed* (vertaling: Mari Alföldy). Amsterdam, Wereldbibliotheek, 2000.
Gabriel García Márquez, *Kroniek van een aangekondigde dood* (vertaling: Mariolein Sabarte Belacortu). Amsterdam, Meulenhoff, 1981.
Ian McEwan, *Het kind en de tijd* (vertaling: Eva Wolff). Amsterdam, De Harmonie, z.j.
Harry Mulisch, *De aanslag*. Amsterdam, De Bezige Bij, 1982.

Saskia Noort, *De eetclub*. Amsterdam, Anthos, 2004.
Orhan Pamuk, *Sneeuw* (vertaling: Margreet Dorleijn en Hanneke van der Heijden). Amsterdam–Antwerpen, Arbeiderspers, 2005.
Ruth Rendell, *Het stenen oordeel* (vertaling: N. Brink-Wessels), Utrecht–Antwerpen, Spectrum, 1978.
G.K. van het Reve, *De avonden*. Amsterdam, De Bezige Bij, 1965 (twaalfde druk).
Gerard Reve, *Moedig Voorwaarts; Brieven aan Bert en Netty de Groot*. Amsterdam–Antwerpen, L.J. Veen, 2007.
Georges Simenon, *Zondag* (vertaling: Matthieu Kockelkoren). Atlas, 2003.
Scott Smith, *Een simpel plan* (vertaling: Lucien Duzee). Amsterdam, Luitingh-Sijthoff, 1993.
Charles den Tex, *De macht van meneer Miller*. Breda, De Geus, 2005.
Thomas Verbogt, *De zomerval*, Amsterdam–Antwerpen, L.J. Veen, 1998.

DE SCHRIJFBIBLIOTHEEK

Schrijfstijl. De basis van een goede tekst – Heidi Aalbrecht
Spannende verhalen schrijven – René Appel
Schrijven voor film, toneel en televisie – Ger Beukenkamp
Handboek verhalende journalistiek – Henk Blanken en Wim de Jong
Storytelling in 12 stappen – Mieke Bouma
Gedichten schrijven – Chrétien Breukers
De wil en de weg. Over het schrijven van romans en verhalen – Jan Brokken
Het hoe – Jan Brokken
Kinderboeken schrijven – Wim Daniëls
Uitgeven in eigen beheer – Maarten Dessing
Reisverhalen schrijven – Jan Donkers
De kunst van het schrijven – John Gardner
Zo schrijf je een kinderboek – Mireille Geus
Het geheim van de spreker. Speeches schrijven en toespraken houden – Jan Haasbroek
Hoe schrijf je een familiegeschiedenis? – Marijke Hilhorst
Schrijven voor theater – 13 methodes – Willy Hilverda
Schrijven is schrappen – Hans Hogenkamp
Over redactie – Lisa Kuitert
Van passie tot publicatie. Tien jaar Schrijven Magazine – Chris Lembeeckx (red.)
Hoe schrijf ik een biografie? – Dik van der Meulen en Monica Soeting
Handboek voor schrijvers. Zevende editie – Maaike Molhuysen
Schrijven met het oerverhaal – Eisso Post
Korte verhalen schrijven – Ton Rozeman
Song- en liedteksten schrijven. Van cabaret tot rock – Yke Schotanus
Dichten doe je zo – Yke Schotanus
Van kort verhaal naar roman – Inge Schouten
Essays schrijven. Van columns tot persoonlijke essays – Louis Stiller
Schrijfzin – Louis Stiller

Zelf schrijver worden – Louis Stiller
Het grote schrijf-doe-boek – Louis Stiller
eSchrijven – Louis Stiller
Personages, conflict, perspectief – Frans Stüger
De 36 dramatische situaties. Alle mogelijke verhaalideeën op een rij – Jan Veldman
Schrijven is ritme – Thomas Verbogt
Interviewen – Arjan Visser
Voor de vorm. Taalvraagbaak voor schrijvers – Pyter Wagenaar
Schrijven: het begin – Pim Wiersinga

www.schrijvenonline.org

To my parents, Arthur George De Caux and Lena De Caux, who lived through the period described in the book and stayed on the island.
I was born during the Occupation.
Their memories and stories inspired me to write it.

To Louis Poullélaouen who passed away in February 2008 and Christiane, whose friendship, home and beautiful garden in Brittany enabled me to make a start on the novel.

To Barbara, my wife, and my sons, Robert and John.
They know how much I owe to them.

Thanks to Roger Le Dain Jones for his help and encouragement in getting the novel published and to the National Association of Head Teachers, my former employers, for their help and support.